RAÍZES

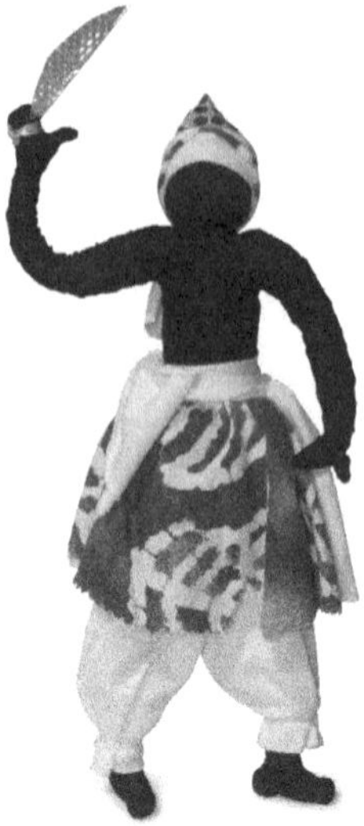

Candomblés da Bahia

Candomblés da Bahia

Edison Carneiro

Apresentação e notas de
Raul Lody

wmf **martinsfontes**

SÃO PAULO 2019

*Copyright © 2008, Livraria Martins Fontes Editora Ltda.,
São Paulo, para a presente edição.*

8ª edição *1991*
Civilização Brasileira
9ª edição *2008*
*Revista e supervisionada
por Philon Carneiro*
2ª tiragem *2019*

Acompanhamento editorial
Helena Guimarães Bittencourt
Preparação do original
*Maria Fernanda Alvares
(cotejo com original)*
Revisões
*Ivani Aparecida Martins Cazarim
Andréa Stahel M. da Silva*
Produção gráfica
Geraldo Alves
Paginação
Moacir Katsumi Matsusaki

Dados Internacionais de Catalogação na Publicação (CIP)
(Câmara Brasileira do Livro, SP, Brasil)

Carneiro, Edison, 1912-1972.
Candomblés da Bahia / Edison Carneiro ; apresentação e notas de Raul Lody. – 9ª ed. – São Paulo : Editora WMF Martins Fontes, 2008. – (Raízes)

ISBN 978-85-7827-001-8

1. Candomblé (Culto) – Bahia (BA) 2. Candomblé (Culto) – História 3. Orixás I. Lody, Raul. II. Título. III. Série.

08-09898   CDD-299.6

Índices para catálogo sistemático:
1. Bahia : Candomblés : Religiões de origem africana   299.6
2. Bahia : Orixás : Culto : Religiões de origem africana   299.6

Todos os direitos desta edição reservados à
Editora WMF Martins Fontes Ltda.
*Rua Prof. Laerte Ramos de Carvalho, 133 01325-030 São Paulo SP Brasil
Tel. (11) 3293.8150 e-mail: info@wmfmartinsfontes.com.br
http://www.wmfmartinsfontes.com.br*

ÍNDICE

APRESENTAÇÃO | **Agô** XI

PRIMEIRA PARTE | Os cultos de origem africana no Brasil

INTRODUÇÃO 5
1. *O modelo de culto* | 2. *Irradiação* | 3. *Um fenômeno de cidade* | 4. *Designações* | 5. *Monoteísmo* | 6. *Características: a) A possessão pela divindade; b) O caráter pessoal da divindade; c) O oráculo e o mensageiro* | 7. *Áreas e tipos* | 8. *Subtipos* | 9. *Folclorização* | 10. *Permanência* | 11. *O último reduto* | 12. *Subcultura*

SEGUNDA PARTE | Candomblés da Bahia

INTRODUÇÃO 33

CAPÍTULO I 35
1. *Fisionomia geral da casa de candomblé* | 2. *A casa como habitação – a luz e a água* | 3. *Estudo das condições de habitação no Engenho Velho*

CAPÍTULO II 47
1. *Procedência africana dos candomblés* | 2. *Os candomblés atuais* | 3. *A obra do sincretismo* | 4. *Localização dos candomblés* | 5. *Antiguidade do candomblé do Engenho Velho* | 6. *Uma frase de Aninha*

Capítulo III 57
1. Como se desenrola uma festa de candomblé | 2. Pequenos incidentes

Capítulo IV 63
1. Olorum, Zaniapombo, Oxalá | 2. Os orixás nagôs | 3. As iabás | 4. Oçãe e Obá | 5. Exu | 6. Ibêji, os gêmeos | 7. Os voduns jejes | 8. Dã | 9. Os inquices de Angola e do Congo | 10. Os encantados caboclos | 11. Martim-Pescador | 12. Os presentes para a mãe-d'água | 13. O caruru de Cosme e Damião | 14. A representação dos deuses | 15. Visão de conjunto

Capítulo V 87
1. A liturgia dos candomblés | 2. As homenagens coletivas aos orixás | 3. Saudações especiais | 4. Os encantados pedem cachaça | 5. Danças | 6. A orquestra dos candomblés | 7. Ritos de purificação | 8. Malembes | 9. Salva o galo | 10. Ingorôssi | 11. Provas da possessão | 12. Repastos comunais | 13. Distribuição dos dias da semana entre os orixás

Capítulo VI 99
1. O caráter pessoal dos orixás | 2. A feitura do santo | 3. A compra e a quitanda das iaôs | 4. O quelê, símbolo da sujeição | 5. Iaôs e ebômins | 6. Posição da filha dentro do candomblé | 7. Condição social e econômica das filhas | 8. Filhas de Aninha, de Maria Neném e de Flaviana

Capítulo VII 109
1. Os chefes dos candomblés | 2. Pais e mães | 3. A concorrência masculina | 4. Saudações devidas à mãe | 5. O exercício da autoridade

Capítulo VIII 117
1. Divisão do poder espiritual nos candomblés | 2. A mãe-pequena | 3. O axogum, sacrificador de animais | 4. Os ogãs | 5. Filhas e filhos | 6. As equedes | 7. As abiãs, força de reserva | 8. Um ofício de mulher | 9. Seniority

Capítulo IX 127
   1. Os babalaôs | 2. Martiniano do Bonfim e Felisberto Sowzer |
   3. Olhar com o Ifá | 4. A concorrência dos chefes de candomblé |
   5. Os eluôs de hoje

Notas à margem 133
Umbanda 139
Memento Nominum 145
Vocabulário de termos usados nos candomblés da Bahia . . . 149
Notícia biográfica de Edison Carneiro 163
Notas 169

APRESENTAÇÃO

Agô

Em língua iorubá, agô quer dizer "licença".
Então peço licença aos orixás e ao candomblé da Bahia.

Assim, com um *agô*, mergulha-se nesta obra fundamental de Edison Carneiro, que recorreu a múltiplas fontes documentais para escrevê-la. *Candomblés da Bahia* dirige-se ao *povo do santo* e a todos os interessados nas relações entre África e Brasil, em especial a Bahia, por meio do sagrado, das muitas religiões tradicionais atualizadas cada vez mais como formas e expressões patrimoniais do Brasil.

Edison Carneiro conta o que ele chama de *cultos de origem africana no Brasil*, tendo como foco principal a Bahia, sua terra. Destaca-se, assim, um olhar diante do *Recôncavo*, onde se encontram as cidades do Salvador, Cachoeira, São Félix, Muritiba e tantas outras que experimentam no cotidiano inúmeras memórias africanas. E assim as pessoas se vêem e se reconhecem como afrodescendentes.

O autor nos põe em contato com Nina Rodrigues, médico baiano que nos anos 1930 procurou entender a fé africana em terra brasileira. Como todos os pioneiros, Nina Rodrigues merece leitura atenta, de modo que se entenda como o candomblé da Bahia acontecia em período da forte repressão policial durante o Estado Novo.

Além do candomblé em seu melhor estilo baiano, o livro apresenta ao leitor uma diversidade de tipos e de formas religiosas. Mostra-se o batuque de forma geral e em particular a macumba – em alguns locais o termo *macumba* passou a ser alvo de muito preconceito, como ocorria com o uso da palavra *batucada*, que significa qualquer manifestação musical e coreográfica de matriz africana no Brasil.

Outra questão dominante nos estudos sobre as religiões africanas no Brasil refere-se ao sistema social e sagrado dos iorubás/nagôs. Esse sistema nasce das histórias dos orixás que representam os elementos da natureza e importantes personagens relacionados ao poder hierarquizado em reinos e Cidades-Estados. Exemplo é o reino de Oió, cujo alafim mais notável foi Xangô, ou, ainda, o reino de Ifé com o reinado de Oxalá, entre outros. Assim, os orixás, são amplamente popularizados e relacionados a processos de memória, identidade e principalmente de resistência afrodescendente.

Edison Carneiro mostra que as maneiras regionais de viver as religiões africanas revelam lugares e referências étnicas em virtude dos muitos grupos, povos, culturas da África Ocidental e da África Austral, trazendo os orixás, voduns e inquices.

Além dos deuses que dominam os elementos da natureza, o tema ancestralidade é fundamental aos sistemas sociais, hierárquicos e religiosos dos africanos e de suas relações no Brasil. Assim, já nacional, o *caboclo* é a síntese do ancestral dono da terra, terra brasileira.

Edison Carneiro aponta para a diversidade de modelos e das chamadas *nações*, sistemas organizados a partir de referências etnolingüísticas e demais componentes sociais e culturais de povos que experimentam seus legados no forçado processo do escravagismo no Brasil.

Em ação afrodescendente, vêem-se novas formas de reunir, reagrupar segmentos na diáspora, buscando-se assim retomar, viver e adaptar memórias, transmitir sabedorias que as religiões legitimam. Nesse cenário, reforçam-se as condições do homem africano a partir do século XVI na nova terra, chegando aos milhares para plantar e produzir açúcar, para as minas de ouro, para o café e demais formas e tipos que desenvolveram tecnologias e comercializavam nas ruas com os chamados *ganhos*, entre outras atividades.

Despojados de seus símbolos, objetos, enfim, de representações materiais, trouxeram um grande legado, principalmente pela palavra, pelo canto, pela dança, pelas inúmeras representações do corpo, assim retomando fé, desejos religiosos e identidades vividas no outro lado do Atlântico.

A economia mercantilista da Europa no século XVI incluiu decisivamente uma mercadoria: o homem em sua condição escrava, destacando-se entre os países dominadores Portugal e Inglaterra. O resultado foi o desenvolvimento capitalista, que em sua esteira de exploração econômica acarretou a sujeição sociocultural dos povos dominados, assentando assim o imperialismo e a opressão.

Nesse âmbito de interesses econômicos, o continente africano foi alvo de uma série de investidas que, da segunda metade do século XVI à primeira metade do XIX, serviram de cenário para o transporte de milhares de homens e mulheres da África para o Brasil, reunindo diferentes etnias, contrastantes estágios culturais e diferenciados sistemas sociais, econômicos, políticos e religiosos.

Na intensidade do comércio transatlântico de escravos, muitos aspectos dos interesses de Portugal e de comerciantes brasileiros estavam sujeitos às pressões internacionais, notadamente da Inglaterra, que se opunha ao tráfico de escravos africanos. Não que houvesse interesses humanitários; só por interesses comerciais. Mesmo assim, o tráfico correu, fluentemente, de 1551 a 1850.

O comércio escravagista pode ser compreendido em quatro grandes ciclos:

1. Ciclo da Guiné: segunda metade do século XVI.
2. Ciclo de Angola-Congo: por todo o século XVII.
3. Ciclo da Costa Mina: até o início da segunda metade do século XVIII.

4. Ciclo de Benim: até metade do século XIX.

Crê-se que o total de escravos africanos no Brasil tenha chegado à cifra de quatro milhões.

Além dos grupos que buscavam na nova terra viver suas experiências de memória em condição escrava, seguindo modelos e sistemas organizados em diferentes religiões, o próprio Estado Colonial buscou também reunir a grande população escrava e crioula em Irmandades, segundo a ordem e o poder da Igreja Católica. Essas organizações conviviam com formas de fé ancestrais, milenares, profundamente integradas aos mitos, heróis, reis, personagens fundamentais ao que se quer chamar de pertencimento social e cultural na afrodescendência.

Nos diferentes processos históricos, sociais e econômicos, o candomblé assumiu o significado de núcleo de africanidade no Brasil, em especial na Bahia. Independentemente das nações, das mitologias, dos rituais de iniciação, das diferentes liturgias e rituais fúnebres, entre outros, há um grande modelo consagrado para o Brasil que é o candomblé da Bahia.

A Bahia ganhou um significado exemplar do que é africano no Brasil, assumindo um lugar de referência e de matriz, certamente a mais próxima do modelo africano. Contudo, o sistema escolhido e assumido como representante é o candomblé.

Embora eminentemente religioso e constituído por papéis hierarquizados de homens e mulheres, o candomblé assume sua vocação de reunir e de manter memórias remotas e outras próximas, referenciando culturas, idiomas, códigos éticos e morais, tecnologias, culinária, música, dança, entre tantas outras maneiras de manter identidades, de situar e manifestar cada modelo, nação.

Sem dúvida, a fundamentação religiosa norteia o homem africano no que ele testemunha materialmente ou em seus múltiplos microssistemas de poder não só temporal mas também ritual-religioso. Os modelos africanos encontram sustentação na história oral, forte e predominante, em que regras e papéis de homens e mulheres são geralmente determinados pelos cargos e funções, que vão do ser agricultor, artesão ou sacerdote a ser um *alafim* (rei), por exemplo.

Uma força vital é permanentemente perpassada, seja nos exemplos da cultura material ou em inúmeras expressões imateriais. A produção cultural realiza uma eficaz aliança entre os planos sagrado e humano. É o caso das máscaras, esculturas, adornos diversos, pintura corporal, escarificações e outros, necessários para cada modelo étnico formalizar e manter sua unidade de grupo social e seu equilíbrio cotidiano, justificando os ciclos e as passagens que transgridem o próprio cotidiano.

A deidade da natureza e as expressões dos antepassados têm eficácia no controle e guarda da própria sociedade, dizendo da vida e da morte.

Os conceitos de *Deus, divino* e *antepassado* se multiplicam, na variedade e especificidade de ações peculiares a cada mito ou elenco de mitos. Assim, a energia da natureza e dos reis e heróis divinizados são alguns dos principais motivos do plano do sagrado, íntimo e cotidiano para o homem africano. Essa presença está na casa, no santuário, no comércio, nas tarefas, nos campos, nos rios, no mar, no desenvolvimento de técnicas artesanais e nas formas lúdicas, desenhando dessa maneira o próprio ser cultural.

Tudo isso marca a história e a ação do homem africano, protagonista e autor dos seus próprios caminhos como indivíduo, coletividade, civilização.

Três grandes modelos sociorreligiosos ganham os espaços na Bahia e no Brasil, reconhecidos nas nações Queto/Iorubá/Nagô, Jeje/Nagô de base fon/ewe e iorubá, e Angola/Congo ou Moxicongo. São referências dos grandes e contínuos processos de reinos, de cidades sagradas como Ifé, Nigéria, para os iorubás, como também o reino de Queto, Benim, ainda para os iorubás. Esses modelos que concentram memórias tradicionais e especialmente mitologias dos orixás, dos voduns e dos inquices revivem nos candomblés matrizes africanas incluídas no nosso cotidiano brasileiro, aqui do outro lado do Atlântico.

O candomblé assume, então, a função de manutenção de uma memória reveladora de matrizes africanas ou já elaboradas como afrodescendentes, criadoras de modelos adaptativos ou mesmo *embranquecidos* – nos casos em que a religiosidade brasileira oficial participa definitivamente desse sistema.

A identidade do candomblé segue soluções étnicas chamadas de *nações de candomblé*. Não são, em momento algum, transculturações puras ou simples: são expressões e cargas culturais de certos grupos que viveram encontros aculturativos intra- e interétnicos, tanto nas regiões de origem quanto na acelerada dinâmica de formação da chamada cultura afro-brasileira.

Quem ocupou maciçamente o Brasil foram os sudaneses ocidentais, nagô (iorubá) e jeje (fon) – destacando-se a evidente islamização desses e de outros grupos que ainda hoje habitam a região do golfo de Benim –, e os africanos austrais – destacando-se entre eles os bantos divididos em muitos grupos étnicos.

O agrupamento e a identificação dos muitos grupos étnicos deu-se com o reconhecimento de suas línguas, critério também utilizado hoje no estabelecimento das nações de candomblé. Os termos religiosos, os nomes gerais para os alimentos, roupas e deuses, as histórias e os cânticos rituais, entre outros, quando ouvidos em *ewe*, indicam que o terreiro tende a seguir o modelo *jeje*; ouvidos em *iorubá*, indicam um provável modelo das nações Queto e Nagô.

Assim, os modelos chamados nações foram organizados a partir de semelhanças principalmente lingüísticas.

Hoje, o candomblé apresenta a seguinte divisão:
Nação Queto-Nagô (iorubá);
Nação Jexá ou Ijexá (iorubá);
Nação Jeje (fon);
Nação Angola (banto);
Nação Congo (banto);

Nação Angola-Congo (banto);
Nação de Caboclo (modelo afro-brasileiro).

Edison Carneiro alerta para a ênfase dos estudos sobre os iorubás, destacando que os povos bantos chegaram primeiro e em maior quantidade e que sua importância como matriz é fundamental à compreensão da afrodescendência.

O autor reforça o sentido de pólo irradiador das religiões africanas no país com o iorubá, contudo aponta e destaca as nações Angola e Congo na formação das religiões de matriz africana. Sem dúvida, há uma forte tendência a ver a Bahia, especialmente a cidade do Salvador, como um amplo e diverso modelo do que seria o mais próximo e legítimo nas relações com o continente africano, muitas vezes considerado *mãe África* – reunindo dessa maneira sentimentos idealizados de matriz, de território que reúne todas as identidades e os saberes tradicionais que buscam recuperação no dinâmico processo da diáspora, do crescente abrasileiramento.

Ampla, diversa e complexa é a diáspora em lugares tão distintos nos processos de africanizar em novos lugares, construindo assim novos territórios.

Não só de candomblé, porém, é a vida religiosa afro-brasileira – apesar dos Xangôs de Sergipe, Alagoas e Pernambuco; Casas Minas no Maranhão e Pará; Babassuê e Tambor ainda no Pará; Catimbó na Paraíba, Pernambuco, Rio Grande do Norte e Ceará.

Ao lado da umbanda, que é nacional, dos batuques do Rio Grande do Sul e até de um fenômeno bem recente, o saravá, em Mato Grosso, acrescentando a mesa da Jurema e o xambá, no Nordeste, está o candomblé como o modelo religioso mais difundido, e suas informações são velozes, dizendo mais da estética que da liturgia.

Cada modelo religioso apresentado é tema de longa análise no livro, com elaborada organização, compreendendo cargos hierárquicos, mitologias, alimentações votivas, indumentárias, músicas, calendários de festas e obrigações, vocabulários e rituais de iniciação e fúnebres.

Interpretado nos grandes centros urbanos do país, o candomblé co-participa da umbanda tradicional e classista, interferindo, antes de tudo, numa crescente estética afro-religiosa. Nesse caso, a umbanda continua em organização original, acrescentando novos motivos nas roupas, comidas, cânticos e danças. Outros exemplos mostram uma forte aculturação, resultando num modelo já conhecido como *umbandomblé*.

O modelo baiano é uma espécie de autenticação de patrimônio, o mais próximo de matrizes africanas. Esse é o pensamento que estimula a ação dos participantes dos terreiros.

Por esse caminho estão centenas de pessoas, muitas delas motivadas pelos veículos de comunicação, que encontraram nele uma fonte de histórias, personagens, vocabulários e uma plástica presentes em novelas, filmes, enredos de escolas de samba, destaques nos noticiários de televisão, jornais e revistas. Nesse âmbito, inclui-se amplo comércio em lojas especializadas em artigos religiosos afro-brasileiros.

A expansão do candomblé no país e em alguns vizinhos sul-americanos só fortalece o emprego e eficácia do modelo baiano, por isso internacionalmente conduzido por sacerdotes brasileiros e, de preferência, vindos da Bahia. Essa baianização das coisas afro-brasileiras é de interesse comercial, turístico, promovendo uma padronização do diferenciado patrimônio afro-brasileiro.

A passagem de um patrimônio afro-brasileiro acrescido das peculiaridades regionais, dos grupos populares produtores, só reforça o que é reutilizado pelos artistas, artesãos, bailarinos e músicos, entre outros que vivem de uma busca permanente das fontes africanas diluídas no país.

O modelo baiano, sendo excludente, cada vez mais passa por comparações, agora com outros modelos, como o maranhense ou o pernambucano. Já se antevê um certo esgotamento do primeiro modelo, e essa procura de novos assuntos atende ao próprio processo da informação, como ciência e consumo rápido. Dessa forma, o modelo baiano, traçado com entornos tão bem marcados, não é intocável ou concluído, porque se trata de um processo dinâmico.

Em *Candomblés da Bahia*, Edison Carneiro aponta para a umbanda no Rio de Janeiro no início do século XX, repleta de *baianismos* dos candomblés urbanos da cidade do Salvador, especialmente numa mistura criativa e também adaptativa dos modelos etnoculturais das nações de base iorubá e de base banto, como Angola e Congo-Angola. Assim, surgem processos de religiosidade que, certamente, traduzem uma cidade como o Rio de Janeiro, de relações comuns com a do Salvador. É o porto, a vida dos estivadores, das mulheres que vendem comidas nos tabuleiros emblematizadas no acarajé; baianos migrados após a libertação no final do século XIX.

O samba, a capoeira, o carnaval, o afoxé, as comidas de dendê, o forte imaginário africano formando relações, redes de sociabilidades em torno do sagrado, dos orixás, dos inquices, dos *santos* em amplo processo de apropriação buscam comunicar, expressar fé unida à vida, agora em estilo carioca.

Edison Carneiro sugere ao leitor uma busca, um contato, pois trata-se de formas de crer e de desejar o sagrado essencialmente experimentais, familiares, unindo laços de parentesco consangüíneo e hierarquizado com as funções e cargos dos terreiros, dos candomblés, ou mesmo de uma umbanda, como observa o autor, em identidade e referência afrodescendente.

Sem dúvida, *Candomblés da Bahia* de Edison Carneiro proporciona ao leitor um conjunto de referências, de momentos da história social de tantos grupos etnoculturais africanos formadores de nossas mais evidentes maneiras de ser brasileiro, de construir identidades de matrizes multiculturais, de preservar memórias, patrimônios, cada vez mais valorizados em contextos globais, quando se busca respeito e, inicialmente, tolerância perante a diferença, combatendo a xenofobia e outras formas de preconceitos raciais, de gênero e culturais.

Ir ao encontro das religiões africanas no Brasil, identificá-las e vê-las tão nossas, regionais, baianas, pernambucanas, cariocas e de tantos outros locais, é experimentar um sentimento de pertencimento, de integração e de africanidade.

Tudo chega das relações lusitanas com a força dos povos Magreb, do norte do continente africano, em virtude de uma presença de quase nove séculos na Península Ibérica. E principalmente a relação direta, por mais de trezentos anos, entre a costa da África e a costa do Brasil, trazendo tantas diferentes Áfricas. Há uma fruição de identidades comuns, lá e cá, nas duas costas do Atlântico, e isso é visível e se fortalece, principalmente no âmbito religioso. *Candomblés da Bahia* testemunha tudo isso.

Candomblés da Bahia

PRIMEIRA PARTE
Os cultos de origem africana no Brasil

INTRODUÇÃO

Há mais de sessenta anos, à base das suas observações na Bahia, inferia Nina Rodrigues a unidade dos cultos de origem africana, tendo por modelo a religião dos nagôs. Investigando as causas "pouco estudadas, mas por vezes facilmente presumíveis", que determinaram a predominância de uma ou de outra das religiões africanas nos vários pontos do Novo Mundo, apontava "a precedência na aquisição de riquezas ou da liberdade" por parte dos nagôs na Bahia, para concluir: "Uma vez organizado o culto, facilmente se compreende que, de preferência ao culto católico de que nada ou pouco podiam compreender, houvessem os negros de outras nações e procedências adotado como sua essa religião africana, que estava mais ao alcance da sua inteligência rudimentar, e mais de acordo com o seu modo de sentir." Entretanto, as palavras iniciais do primeiro capítulo da sua obra pioneira continham uma cautela: "Não era lícito esperar que os negros pudessem ter na América grande uniformidade nas suas crenças religiosas."

Quando os seus trabalhos chegaram novamente às mãos dos estudiosos, entre 1932 e 1935, logo se levantou contra Nina Rodrigues a acusação de exclusivismo nagô, de menosprezo das religiões trazidas por outras tribos africanas. As pesquisas empreendidas, sob o influxo da sua obra, em pontos que não a Bahia, revelaram elementos religiosos de marca diferente, aparentemente sem explicação plausível dentro do seu esquema, que pareciam confirmar a reserva que se lhe fazia. Com efeito, candomblé, macumba, xangô, batuque, pará, babaçuê, tambor não seriam designações de cultos diferentes, distintos uns dos outros? À meia-noite, numa cerimônia de macumba carioca ou paulista, todos os crentes são possuídos por Exu – uma prática que constitui um verdadeiro absurdo para os fregueses dos candomblés da Bahia. O tocador de atabaque de qualquer ponto do país ficará surpreendido e atrapalhado ao encontrar esse instrumento montado sobre um cavalete, horizontalmente, com um couro de cada lado, no Maranhão. Que o pessoal das macumbas do Rio de Janeiro se apresente uniformizado, e não com vestimentas características de cada divindade, não pode ser entendido por quem freqüente os candomblés da Bahia, os xangôs do Recife ou os batuques de Porto Alegre. E, vendo dançar o babaçuê do Pará com lenços (*espadas*) e cigarros de tauari, os crentes de outros Estados certamente franzirão o sobrolho. Se tais coisas normalmente acontecem, não será porque esses cultos são diversos entre si?

Muitas dessemelhanças formais, que tendem a multiplicar-se com o tempo, mascaram, realmente, a unidade fundamental dos cultos de origem africana. Nina Rodrigues não pôde estabelecer e demonstrar tal unidade, mas as pesquisas que inspirou, abarcando quase todas as manifestações religiosas do negro no Brasil, já nos dão a oportunidade de fazê-lo. Levando em conta que esses cultos, naturalmente de modo desigual em cada lugar, estão sofrendo um acentuado processo de nacionalização desde a cessação do tráfico em 1850, poderemos determinar aquilo que os distingue como de origem africana e tentar uma sistematização dos tipos em que podemos dividi-los, dentro da unidade sem uniformidade tão justamente inferida por Nina Rodrigues.

1
O MODELO DE CULTO

Sabemos que todas as tribos africanas que nos forneceram escravos tinham as suas religiões particulares. Ainda em começos do século XIX, o Conde dos Arcos achava prudente manter as diferenças tribais entre os negros, permitindo os seus *batuques*, porque "proibir o único ato de desunião entre os negros vem a ser o mesmo que promover o governo, indiretamente, a união entre eles" – embora tais diferenças já se estivessem apagando "com a desgraça comum". Se todas essas religiões se resolveram numa unidade de culto, reconhecível, ao menos pelas suas características essenciais, em todo o Brasil, que circunstâncias favoreceram a fusão das várias crenças?

O tráfico de escravos, tanto externo como interno, pode dar-nos a desejada resposta. O externo se dirigiu, sucessivamente, para três áreas africanas – a Guiné, Angola e a Costa da Mina, com as circunstâncias que indicaremos em cada caso. O interno se produziu em todos os sentidos, em épocas determinadas do povoamento e da colonização do Brasil. Uma e outra das facetas do tráfico se combinaram para, sobre o denominador comum da escravidão, anular as peculiaridades nacionais das tribos africanas.

Os primeiros escravos que aportaram no Brasil vinham da região da Guiné Portuguesa, então uma zona imprecisa que se estendia para o norte, até o Senegal, e para o sul, até a Serra Leoa – a Costa da Malagueta. As *peças de Guiné*, chegadas à área dos canaviais, principalmente Bahia e Pernambuco, eram na maioria fulas e mandingas, tribos alcançadas pela expansão africana do islã, mas não inteiramente islamizadas. Quando Portugal iniciou a conquista e colonização da Amazônia, embora já dispusesse de novo centro fornecedor de escravos (Angola), trouxe para o extremo norte negros da Guiné – o pequeno número permitido pela consolidação do domínio francês e inglês ao norte e ao sul da sua colônia africana.

Angola foi, desde os primeiros anos do século XVII, a grande raça de escravos do Brasil. Mal se haviam estabelecido no litoral angolense, porém, os portugueses foram dali desalojados pelos holandeses, que, pela força das armas, ocuparam também outros entrepostos comerciais lusitanos das vizinhanças, as ilhas de São Tomé e Príncipe e o Forte da Mina, carreando escravos para a Nova Holanda. Uma expedição partida do Rio de Janeiro, sob o comando de Salvador de Sá, recuperou Angola. A colônia estendia-se mais para o norte do que atualmente, até a embocadura do rio Congo, mas o estabelecimento português na foz do grande rio foi progressivamente reduzido, constituindo, agora, o enclave de Cabinda. De Angola e do Congo vieram para o Brasil negros de língua banto, conhecidos por nomes geográficos e tribais, caçanjes, benguelas, rebolos, cambindas, muxicongos, utilizados nas culturas da cana-de-açúcar e do tabaco, em toda a faixa litorânea. Da região de Moçambique, outrora chamada a Contra-Costa, chegaram ao Brasil poucos negros: não somente o seu comércio de escravos se dirigia para o Oriente, como os escravos dali trazidos, embora a viagem fosse mais custosa, não alcançavam boa cotação nos mercados brasileiros. Pequenos contingentes de macuas e angicos se misturaram, assim, à população escrava no século XVIII.

A Costa da Mina – a linha setentrional do Golfo da Guiné – foi visitada pelos tumbeiros durante todo o século XVIII, e ainda depois, em busca de negros para os trabalhos da mineração: negros do litoral, nagôs, jejes, fantis e axântis, gás e txis (*minas*), e negros do interior do Sudão islamizado, hauçás, canúris, tapas, gurunxes, e novamente fulas e mandingas. Desembarcados na Bahia, que detinha o monopólio do comércio de escravos com a Costa da Mina, esses negros eram transferidos, pelo interior, para as catas de ouro e de diamantes de Minas Gerais.

O desenvolvimento econômico e político do Brasil impôs modificações substanciais à primitiva localização de escravos no território nacional. A guerra contra os holandeses, os quilombos e as insurreições do elemento servil e a revolução da Independência provocaram enorme dispersão de negros, mas foram as sucessivas mudanças de interesse econômico – do açúcar para o ouro, do ouro para o café – que realmente transformaram o país num cadinho de tipos físicos e de culturas da África: a mineração absorveu, indistintamente, todo braço escravo ocioso nas antigas plantações de açúcar do litoral; muitos negros da Costa da Mina, quando a corrida do ouro arrefeceu, ficaram na Bahia, outros foram vendidos para Pernambuco e para o Maranhão; a maioria dos escravos antes empregados nas minas serviu às culturas do café e do algodão ou aos novos empreendimentos pecuários no Sul; as cidades reuniram elementos de todas as tribos, quer agregados à camuflagem do senhor, quer alugados a particulares, quer trabalhando por conta própria, quer engajados em explorações de tipo industrial. Às levas de negros chegados da África ajuntavam-se, em toda parte, cada vez em proporção maior, negros *crioulos*, nascidos e criados no Brasil.

Assim, o tráfico dispôs o campo para o intercâmbio lingüístico, sexual e religioso entre escravos e ex-escravos. Deu o retoque final a concentração de negros nagôs na Bahia, em fins do século XVIII, quando os mineradores, desinteressados das minas, já não precisavam dos negros procedentes da Costa da Mina, nem se dispunham a pagar os altos preços que os traficantes por eles pediam. A religião dos nagôs, com as suas divindades "já quase internacionais", como diria Nina Rodrigues, havia dado o padrão para todas as religiões dos povos vizinhos, com a ajuda das divindades "apenas nacionais" dos jejes – isto é, todos os negros procedentes do litoral do Golfo da Guiné professavam religiões semelhantes à dos nagôs. Como reflexo do estado social que haviam atingido na África e do conceito que deles se fazia no Brasil, os nagôs da Bahia logo se constituíram numa espécie de elite e não tiveram dificuldade em impor à massa escrava, já preparada para recebê-la, a sua religião, com que esta podia manter fidelidade à terra de origem, reinterpretando à sua maneira a religião católica oficial.

A presença de bom número de jejes entre os escravos da Bahia serviu a esse propósito. E, quanto aos negros muçulmanos (*malês*), que poderiam ser os êmulos dos nagôs, afastavam de si a escravaria, dado o seu extremado sectarismo, como iriam atrair sobre si, mais tarde, as iras de toda a sociedade.

O modelo nagô foi aceito em toda parte, "uma vez organizado o culto".

2

IRRADIAÇÃO

O foco de irradiação do modelo foi a Bahia, com focos menores em Pernambuco e no Maranhão, nesta ordem.

Em todos esses pontos a agricultura estava a cargo do negro de Angola, enquanto os serviços domésticos e urbanos absorviam os negros da Costa da Mina. Os nagôs, com marcada preponderância sobre os jejes, assumiram a liderança religiosa na Bahia e em Pernambuco; e, em igualdade de condições com os jejes, no Maranhão.

De Pernambuco o modelo se difundiu por todo o Nordeste Oriental, enquanto o Maranhão, outrora cabeça do Estado do Maranhão e Grão-Pará, assegurava o seu triunfo entre a pequena população negra da Amazônia. Quanto ao centro-sul, foi alcançado pela Bahia através da zona da mineração. Tendo chegado tarde às catas, quando os interesses da região já se orientavam para outras explorações econômicas, o modelo não pôde impor-se com o mesmo vigor com que o fizera no Norte: teve de aceitar, em Minas Gerais, no Estado do Rio de Janeiro e, posteriormente, em São Paulo, onde a massa escrava das cidades era em maioria angolense, as formas de expressão semi-religiosa correntes havia mais de cem anos, na região.

Já em pleno século XIX deu a Bahia o modelo aos cultos surgidos, mais tardiamente do que os outros, no Rio Grande do Sul.

3
Um fenômeno de cidade

Se assinalarmos no mapa a localização desses cultos, veremos que todos eles funcionam no quadro urbano ou, no máximo, suburbano, com uma ou outra exceção no quadro rural. Do ponto de vista do número, a preferência se dirige para as capitais de estados, vindo em seguida as cidades que servem de centro a zonas econômicas de relativa importância no âmbito estadual.

Podemos exemplificar com a Bahia: para mais de uma centena de candomblés da capital, haverá talvez duas dezenas deles na zona da cana-de-açúcar e do fumo do Recôncavo e na zona do cacau, em torno de Ilhéus.

O culto organizado não podia, sob a escravidão, florescer no quadro rural – ou seja, a fazenda ou a cata. Para mantê-lo, o negro precisava de dinheiro e de liberdade, que só viria a ter nos centros urbanos. Ora, o modelo nagô se sobrepôs às diferenças tribais em matéria religiosa exatamente quando a massa escrava, acompanhando o fazendeiro e o minerador, se adensava nas cidades, ocupando-se em misteres diversos daqueles para os quais chegara ao Brasil.

Com efeito, na primeira metade do século XVIII, o negro urbano, já com dinheiro, mas ainda sem liberdade, funda, sob a orientação dos seus senhores, as Irmandades do Rosário e de São Benedito; na segunda metade do século, quando começa a viver independentemente do senhor, as suas religiões tribais se fusionam numa unidade de culto.

O novo culto viveu, precariamente, sujeito aos azares da repressão policial, até a Independência e as agitações conseqüentes, feito e desfeito várias vezes. A fundação do candomblé do Engenho Velho, na Bahia, provavelmente em 1830, marca o início de uma nova fase na existência do culto organizado de origem africana.

4
Designações

Teremos de atribuir à escravidão, talvez com justiça, o não haver um nome genérico, africano, para designar todos os cultos.

O candomblé da Bahia, sem dúvida o de maior esplendor de todo o Brasil, que ainda agora serve de espelho a todos os outros cultos, tem uma designação com que não concordam os seus adeptos, embora não tenham uma palavra melhor para substituí-la. Uma das danças outrora correntes entre os escravos, nas fazendas de café, era o *candombe*. Parece que *candombe* era o nome dado aos atabaques, pois os negros deportados do Brasil para Buenos Aires, como nos informa Bernardo Kordon, assim chamavam "*al tamboril africano*" e às danças executadas para regalo do tirano Rosas. O *e* (aberto) do final da palavra, que parece angolense, talvez seja o *e* (fechado) que comumente se acrescenta às sílabas finais da frase nas línguas sudanesas, modificado pela prosódia baiana, que o prefere (*sapé, Tieté, roléta*). Como decifrar, porém, o enigma que constitui a inclusão do *l* ou do *r*, para formar grupos consonantais *bl* ou *br*, que as línguas sudanesas e bantos desconhecem? Podemos conjeturar, com segurança, que "candomblé" tenha sido imposto, de fora, ainda que não possamos imaginar como, aos cultos da Bahia.

Do mesmo modo, "macumba". Uma observação de Renato Almeida, em Areias, São Paulo, talvez ajude a entender o seu exato sentido. Antes de dançar, os jongueiros executam movimentos especiais pedindo a bênção dos cumbas velhos, palavra que significa jongueiro experimentado, de acordo com esta explicação de um preto centenário: "Cumba é jongueiro ruim, que tem parte com o demônio, que faz feitiçaria, que faz macumba, reunião de cumbas." O jongo, dança semi-religiosa, precedeu, no centro-sul, o modelo nagô. Como o vocábulo é sem dúvida angolense, a sua sílaba inicial talvez corresponda à partícula *ba* ou *ma* que, nas línguas do grupo banto, se antepõe aos substantivos para a formação do plural, com provável assimilação do adjetivo feminino *má*. Nem todos os crentes se satisfazem com essa designação tradicional – e os cultos mais modernos, tocados de espiritismo, já se intitulam de Umbanda, em contraste com Quimbanda, ou seja, macumba. Esta seria a magia *negra*; a Umbanda, a magia *branca*.

Os cultos são chamados "batuque" na Amazônia e no Rio Grande do Sul. Por extensão, como sabemos, "batuque" se aplica a toda e qualquer função à base de atabaques. Exclusivamente de referência ao culto, há na Bahia a forma "batucajé". De qualquer modo, trata-se de palavra profana. Herskovits e, posteriormente, Roger Bastide registraram "pará" no Rio Grande do Sul, esclarecendo que os cultos de Porto Alegre são chamados "pará" pelos crentes e "batuque" por estranhos. A palavra "pará" parece tupi, e não africana – a menos que se verifique a hipótese, pouco provável, de ser uma deturpação de Bará, nome por que é conhecido entre os negros gaúchos o mensageiro Exu. Em qualquer dos dois casos, de que maneira este vocábulo teria passado a designar os cultos do extremo sul?

A palavra "tambor" (Maranhão) talvez não necessite de maiores explicações. Em "babaçuê" (Amazônia), há apenas, como contribuição do negro, o *e* (fechado) final. Os cultos do Nordeste fizeram de Xangô, famoso rei de Oyó que se transformou em divindade, um substantivo comum, corrente em Pernambuco, Alagoas e outros Estados.

Salientemos que até mesmo nessas designações se reflete a assimilação desses cultos pela sociedade brasileira, o que os torna – podemos dizê-lo com absoluta certeza – *nacionais*, de existência somente possível no Brasil, e não mais africanos.

5
MONOTEÍSMO

Para entender a unidade dos cultos de origem africana, devemos proceder ao abandono de certas noções errôneas, mas correntes, a eles referentes, a fim de poder levantar as suas características comuns.

Supunha-se, outrora, que os cultos negros fossem politeístas – e sob esse pretexto a repressão policial parecia justificada. Sabemos agora que neles sempre se admitiu a existência de um ser que os nagôs chamavam Olorum (palavra que significa Senhor ou Dono do Céu) e que os negros de língua banto chamavam Zâmbi ou Zambiampungo (que veio a dar, no Brasil, Zaniapombo). Todas as qualidades dos deuses das religiões universais, como o cristianismo e o maometismo, são atribuídas à suprema divindade, que não tem altares, nem culto organizado, nem se pode representar materialmente. Tendo criado o céu e a terra, porém, Olorum ou Zaniapombo jamais voltou a intervir nas coisas da Criação.

O filho desse deus, Oxalá, teria gerado a humanidade.

Todas as demais divindades situam-se em posição nitidamente inferior, como delegados, ministros, agentes do deus supremo, e são chamados aqui orixás ou voduns – vocábulos nagô e jeje, respectivamente – encantados, caboclos, santos, guias ou anjos-da-guarda.

São elas naturais tanto da África como do Brasil. As africanas são principalmente nagôs, com um reduzido complemento jeje. À exceção de Oxalá, que, como filho do deus supremo, facilmente se identificou com Jesus Cristo, as divindades nagôs e jejes perderam, no Brasil, o seu escalonamento hierárquico: divindades menores, como Oxoce, têm aqui a mesma importância de Ogum, que deu ao homem os instrumentos com que vencer a natureza, e Iansã e Oxum, esposas de Xangô, se igualam com esta divindade dos raios e das tempestades. Embora se diga, na África, que as divindades nagôs são ao todo 401, somente um punhado delas se fixou no Brasil. E, entre estas, há divindades, se não secundárias, pelo menos cultuadas apenas na antiga capital política dos nagôs, Oyó, e não na sua cidade santa, Ifé. As divindades jejes robusteceram as suas correspondentes nagôs (Fá-Ifá, Gun-Ogum, Loco-Iroco, etc.) e as complementaram com a *boa* Dã e os voduns Zomadonu e Averequete. Quanto às naturais do Brasil, talhadas à maneira nagô, são divindades caboclas e negras, decorrência imediata das campanhas nacionais pela independência e pela abolição: as caboclas são idealizações à moda romântica, indianista, dos antigos habitantes do país: Pena Verde, Tupinambá, Sete Serras, e as negras figuram velhos escravos, santificados pelo sofrimento, Pai Joaquim, o Velho Lourenço, Maria Conga.

Muitas dessas divindades assumem nomes e identificações diversos, dependendo do lugar, da orientação do culto, da popularidade deste ou daquele santo católico ou da existência de tradições semelhantes. Oxoce pode chamar-se Dono, Rei ou Sultão das Matas, como pode ser São Jorge na Bahia ou São Sebastião no Rio de Janeiro; Oçãe, a dona das folhas, pode apresentar-se como a caipora; Xangô pode ser saudado como Sobô, como Zaze ou como Badé, Loco como Tempo ou Catendê, Nanã Burucu como Borocô, Exu como Bará, como Leba (Legba) ou como Aluvaiá... Além disso, há divindades paralelas, como Loco, que mora na gameleira branca, e Juremeiro, que mora na jurema – sem contar que Loco, não dispondo de gameleira no Maranhão, não hesitou em mudar-se para a cajazeira.

O deus único, sem função na vida cotidiana dos crentes, poucas vezes merece deles uma referência sequer, ao contrário dos seus agentes, que são mencionados e invocados a toda hora, com e sem motivo.

Se não se pode dizer que esses cultos são politeístas, também não se pode levantar contra eles a acusação de idolatria.

As divindades naturais da África não têm representação antropomórfica ou zoomórfica: as figuras esculpidas em barro ou madeira (oxés) que muitas vezes se encontram nesses cultos não representam diretamente as divindades, mas seres humanos por elas possuídos, e somente por essa circunstância merecem a distraída reverência dos crentes. O que verdadeiramente as representa são a sua *moradia* favorita – pedras, conchas, pedaços de ferro, frutos e árvores – ou, secundariamente, as suas insígnias. A única representação direta das divindades se dá quando os crentes, por elas possuídos, lhes servem de instrumento.

Talvez possamos apontar uma exceção em Exu. Várias figuras de barro, de massa, de madeira e de ferro parecem representá-lo diretamente. Exu, porém, não é propriamente uma divindade, mas o seu mensageiro, e, como protetor de aldeias, de casas de culto e de residência, na África, era natural que acabasse tendo uma representação mais direta do que os demais seres celestes.

A representação indireta das divindades parece geral no Brasil, fora das macumbas cariocas e paulistas. Mesmo nos cultos já muito distanciados das tradições africanas, como os candomblés de caboclo da Bahia, as divindades se representam pela sua *morada* permanente ou eventual. Entretanto, no Rio de Janeiro e em São Paulo, embora ainda se respeite o costume no referente às divindades naturais da África, há esculturas, quadros e desenhos representando diretamente as divindades caboclas e negras (escravos) nascidas no Brasil.

6
Características

Tal como se encontram atualmente no Brasil esses cultos, podemos apontar quatro características que lhes são comuns – uma delas principal, as outras dela decorrentes, mas todas importantes para identificá-los como de origem africana.

a) A possessão pela divindade

Diversamente do que acontece nos demais cultos e religiões existentes no Brasil, a divindade se apossa do crente, nos cultos negros, servindo-se dele como instrumento para a sua comunicação com os mortais.

A possessão também se dá no espiritismo e na pajelança, mas em condições diferentes: no espiritismo são os mortos, e não as divindades, que se incorporam nos crentes; na pajelança, embora sejam as divindades dos rios e das florestas que se apresentam, somente o pajé, e não os crentes em geral, é possuído por elas. Assim, não é o fenômeno da possessão, por si mesmo, que caracteriza os cultos de origem africana, mas a circunstância de ser a *divindade* o agente da possessão.

Essa a característica principal desses cultos.

b) *O caráter pessoal da divindade*

A possessão pela divindade, que torna inconfundíveis os cultos de origem africana, se exerce não sobre todos os crentes, mas sobre alguns eleitos, especialmente do sexo feminino.

Acredita-se, em todo o Brasil, que cada pessoa tem, velando por si, uma divindade protetora. O privilégio de servir de instrumento (*cavalo*) à divindade está reservado a alguns, que precisam iniciar-se (*assentar o santo*) para recebê-la. Os demais devem submeter-se, entretanto, a determinadas cerimônias para poder servi-la de outra forma.

A iniciação prepara o crente como devoto e como altar para a divindade protetora, que tem caráter *pessoal* – isto é, embora seja Ogum ou Omolu, é o Ogum ou o Omolu particular do crente, e, em alguns lugares, tem mesmo um nome próprio, por ela mesma declarado ao final do processo de iniciação. Daí dizer-se "o Ogum de Maria", "o Xangô de Josefa" ou "a Iansã de Rosa", necessariamente distintos do Ogum, do Xangô ou da Iansã de outras pessoas. Deste modo, cada *cavalo* está preparado para receber apenas a sua divindade protetora, e nenhuma outra, de acordo com o modelo nagô, ou as suas divindades protetoras, em certos cultos.

Já vem acontecendo, na Bahia, no Recife, no Maranhão, em Porto Alegre, que a mesma pessoa receba em si um certo número de divindades – duas ou três –, mas nas macumbas cariocas e paulistas e no batuque da Amazônia os crentes podem receber, sucessivamente, várias divindades e, nas primeiras, a possessão por Exu, à meia-noite, atinge ao mesmo tempo todos eles.

A dedicação a uma única divindade já não é geral, mas esta mantém o seu caráter *pessoal* em todos os cultos – a Iemanjá de uma pessoa não pode manifestar-se em outra, mesmo que a protetora seja também Iemanjá –, o que qualifica e reforça a característica principal, da possessão pela divindade.

c) O oráculo e o mensageiro

Mais do que as outras divindades, são inseparáveis a todos os cultos dois personagens – Ifá, oráculo, e Exu, mensageiro celeste.

A associação de ambos já era conhecida, desde tempos imemoriais, na África. Tal como os imaginam os nagôs e os jejes, são seres intermediários entre as divindades e os homens. Ifá, entretanto, por trazer aos homens a palavra das divindades, situa-se em posição superior a Exu, que transmite às divindades os desejos dos homens.

Certamente por não terem vindo para o Brasil elementos da sua ordem sacerdotal, o oráculo Ifá, generalizado entre as tribos do litoral do Golfo da Guiné, aqui chegou na "mais modesta" das suas formas: a interpretação de oito ou dezesseis búzios, dispostos em rosário ou soltos, atirados pelo adivinho.

Essa forma de adivinhar, noticiada por João do Rio, no Rio de Janeiro, e estudada na Bahia por Roger Bastide e Pierre Verger, se corrompeu com facilidade: a consulta às divindades, outrora feita por um sacerdote especial, passou a fazer parte das atribuições dos chefes de culto, tanto por constituir uma boa fonte de renda como pelo prestígio social que dela advém. Traços culturais europeus, do espiritismo e do ocultismo, modificaram o padrão original de consulta às divindades, à medida que os cultos foram atraindo negros de outras tribos e nacionais, pobres e ricos, de todas as cores. Muitas vezes sem a mais ligeira lembrança de Ifá, a consulta pode realizar-se diante de um copo d'água ou de uma vela acesa, com o adivinho possuído por uma divindade qualquer, não interpretando a linguagem sagrada dos búzios, de que já não se serve, mas *vendo* o futuro do consulente.

Sucedem à consulta as práticas mágicas – e então a antiga e poderosa associação Ifá-Exu se revela integralmente.

Exu, que tem sido equiparado ao diabo cristão por observadores apressados, serve de correio entre os homens e as divindades, como elemento indispensável de ligação entre uns e outras. Todos os momentos iniciais de qualquer cerimônia, individual ou coletiva, pública ou privada, lhe são dedicados para que possa transmitir às divindades os desejos, bons ou maus, daqueles que a celebram. A homenagem obrigatória a Exu (despacho ou ebó) pode tomar as mais diversas formas quando individual ou privada – desde um grande cesto contendo bode, galinha preta e outros animais sacrificados, bonecas de pano, às vezes picadas de alfinetes (lembrança do *envoûtement* ocidental), farofa de azeite de dendê, garrafas de cachaça, tiras de pano vermelho e moedas, como na Bahia, até apenas uma vela acesa, uma garrafa de cachaça e alguns charutos, como no Rio de Janeiro. Em todo o Brasil, entretanto, o despacho de Exu deve ser depositado numa encruzilhada, domínio incontestado do mensageiro celeste.

Além de proteger casas e aldeias, na África, como o faz, no Brasil, no referente às casas de culto, Exu preside à fecundidade, sendo as danças em sua homenagem uma representação do ato sexual. Embora mantenha, em todo o país, o caráter fálico que o distingue no Golfo da Guiné, somente as macumbas cariocas e paulistas preservaram as suas danças, amenizando-as, tornando menos ostensiva a marca do sexo.

O mensageiro se multiplica, em todos os cultos, em vários Exus, com nomes e funções os mais diversos. Muitas vezes associam-no a Ogum e a Oxoce, como seu camarada inseparável; no Rio de Janeiro, além de apresentar-se com a sua múltipla personalidade, os crentes o fundiram a outra divindade, Omolu, criando o Exu Caveira, com o encargo de proteger os cemitérios, especialmente o de Irajá – concepção semelhante à do Baron Cimetière, do Haiti. Os velhos números mágicos – 3 e 7 – cortejam e envolvem Exu no Brasil.

O oráculo e o mensageiro ajudam a caracterizar os cultos de origem africana. Se a consulta às divindades nem sempre se faz sob a invocação de Ifá, a sua associação ao despacho de Exu dar-nos-á a confirmação de que se trata de uma das facetas mais importantes do modelo nagô.

Em suma, essas características, comuns a todos eles – a possessão pela divindade, o caráter *pessoal* desta, a consulta ao adivinho e o despacho de Exu –, demonstram que esses cultos constituem realmente uma unidade, que assume *formas* diversas em cada lugar.

7
ÁREAS E TIPOS

Em parte alguma os cultos se apresentam com a uniformidade suficiente para uma identificação de tipos absolutos. Entretanto, tomando por base determinados aspectos peculiares, e utilizando o artifício de dividir o país naquelas áreas em que estes se registram, podemos chegar a uma identificação relativa, que concorra para entender a unidade na variedade.

A faixa litorânea compreendida entre a Bahia e o Maranhão (A-1) e, apesar da descontinuidade geográfica, o Rio Grande do Sul (A-2) constituiriam a primeira dessas áreas (A), a mais importante do ponto de vista da permanência das concepções religiosas jejes-nagôs.

Subdividindo a zona A-1, teremos três subáreas – a do candomblé (Leste Setentrional), a do xangô (Nordeste Oriental) e a do tambor (Nordeste Ocidental). Os batuques ou parás do Rio Grande do Sul são representativos da zona A-2, que completa a área A, como uma reprodução, adaptada às condições gaúchas, do candomblé da Bahia.

Nessa grande área podem-se registrar, além das características nacionais dos cultos de origem africana, inúmeros outros elementos de identificação já inteiramente esquecidos ou abandonados nas demais áreas, como o ritual funerário (axexê) e a sociedade secreta dos Eguns (Bahia), as esposas *sacerdotais* do adivinho (Recife) e, em toda a sua inteireza, a personalidade de Exu, sob o nome de Bará (Porto Alegre).

Como todos os cultos têm a mesma designação genérica em cada subárea, digamos, para evitar confusão, que aqui nos referimos àqueles poucos em que a teogonia e a liturgia são realmente jejes-nagôs, quase sem diferenças apreciáveis em confronto com a religião de que descendem.

Esses cultos deram o padrão local para os demais. Na Bahia, por exemplo, há menos de duas dezenas deles, mas os outros, mais numerosos, que se proclamam oriundos de tradições diversas – Angola, Congo, caboclo –, na realidade são, estruturalmente, produtos secundários daqueles, simples repetição e diluição das divindades, do processo de iniciação, das cerimônias e, em suma, de todo o complexo religioso jeje-nagô, com ligeiras modificações de pormenor. A mesma coisa acontece com os xangôs do Recife, que serviram de padrão para os cultos de todo o Nordeste Oriental: embora cada vez mais distantes das tradições jejes-nagôs, esses cultos se estruturam à moda pernambucana. No Maranhão, porém, dada a existência prestigiosa de duas antigas casas de culto, a Casa das Minas (jeje) e a Casa de Nagô, os cultos de São Luís se orientam para a imitação, ora de uma, ora de outra dessas Casas.

Uma segunda área (B) seria a região compreendida por Rio de Janeiro, São Paulo e, possivelmente, Minas Gerais: a área da macumba.

Tendo chegado ao Rio de Janeiro, centro da área, mais ou menos por ocasião da sua elevação a capital do país, o modelo experimentou um passageiro esplendor, que, como parecem demonstrá-lo as reportagens de João do Rio, se apagou totalmente em começos deste século. Debilitara-se com as concessões feitas às tradições culturais de Angola, de onde procedia a maior parte dos negros da região – a aceitação das suas danças semi-religiosas, o jongo e o caxambu, e do seu culto dos mortos, este último uma ponte para a aceitação posterior do espiritismo kardecista; com a adesão de brasileiros de todos os quadrantes da Federação e de todas as camadas sociais; com o beneplácito dado a concepções e práticas do espiritismo e do ocultismo e com a complacência demonstrada em relação a novas divindades caboclas e negras. Embora alguns cultos da Bahia se tenham transferido para o Rio de Janeiro, reforçando o contingente original, em nenhuma outra área os cultos de origem africana se apresentam em tão adiantado estágio de nacionalização.

Na área B distinguem-se dois tipos de culto – a macumba propriamente dita, com a possessão pela divindade induzida pelos atabaques, na forma em que se verifica em todo o país, e a umbanda, penetrada de espiritismo, com o transe religioso a obedecer, preferentemente, mas sem exclusividade, a outros modelos. A distinção entre ambos os tipos segue, aparentemente, a linha de classe – a macumba satisfaz as necessidades religiosas dos pobres, a umbanda as dos ricos.

Muito densos na região metropolitana da cidade do Rio de Janeiro, que inclui outros municípios fluminenses, capixabas, mineiros e paulistas que dela dependem, os cultos se rarefazem à medida que se aproximam de São Paulo e de Belo Horizonte.

Uma terceira e última área (C) seria a Amazônia – ou melhor, as cidades de Belém e Manaus e um ou outro burgo mais populoso e antigo. Aqui se produziu um fenômeno semelhante ao indicado no centro-sul; sem um prestigioso grupo jeje-nagô para apoiá-lo, e tendo encontrado viva e atuante uma tradição local, o modelo de culto teve de adaptar-se às condições do ambiente.

A conquista da Amazônia, iniciada no século XVII, resultou da necessidade de assegurar uma nova fonte de especiarias a Portugal, que as estava perdendo no Oriente. O braço direito dos portugueses, nessa tarefa, ao contrário do que acontecia então com o açúcar e iria acontecer com as minas e o café, não foi o negro, mas o índio, descido pacificamente das suas aldeias para compor as expedições em busca das *drogas do sertão*. Assim, os estilos de vida do silvícola se impuseram aos conquistadores, em toda a região, e ao pequeno número de negros chegados, mais tarde, para a lavoura de mantimentos e para os afazeres urbanos, de menos sedução e importância do que as incursões pela floresta.

Vindo do Maranhão, porto de entrada dos escravos destinados ao grande vale, trazido tanto por estes como pelo grande número de migrantes maranhenses que lá se estabeleceram, o modelo teve de curvar-se ante uma forma de expressão religiosa grandemente difundida na Amazônia – a pajelança. Com essa coloração local, há dois tipos de culto na área C, o batuque e o babaçuê, que correspondem às variedades transmitidas à Amazônia, respectivamente, por elementos egressos da Casa de Nagô e da Casa das Minas de São Luís.

Aqui encontramos, além dos cigarros de tauari e das *espadas*, figuras de pajelança, como os mestres Carlos, Marajó e Paroá, a palmeira Jarina transformada em divindade alegre e estouvada e os *voduns* e *orixás* trazidos do Maranhão.

Podemos arrematar dizendo que a presença de cultos de origem africana em todas essas áreas, na forma em que os encontramos, acompanha as linhas de dispersão (tráfico interno) de escravos até a abolição, embora os movimentos posteriores, e especialmente os atuais, da população brasileira já estejam, paulatinamente, ampliando, complicando e transformando esse esquema.

Os cultos da área A resultaram do contato simples e direto entre as concepções religiosas jejes-nagôs, quando estas sobrepujaram as das outras tribos, e o catolicismo popular. Os cultos das áreas B e C exigem uma explicação menos singela, por se terem originado de um *segundo* contato do modelo de culto vigente na área A, ora com formas semi-religiosas angolenses (área B), ora com a pajelança amazônica, resultado, por sua vez, de contato anterior entre práticas mágicas dos nativos e o catolicismo popular (área C).

8
Subtipos

Esses são os tipos-padrão nas diversas áreas em que, por necessidade de estudo, dividimos o Brasil, mas ao lado deles, às vezes a pequena distância, na mesma cidade e no mesmo bairro, floresce um grande número de subtipos.

A formação de subtipos, todo dia mais numerosos, se deve, por um lado, à aceitação do modelo de culto (na forma em que existe no local ou na região) por grupos cada vez mais distantes das tradições que o plasmaram e, por outro, à falta de uma autoridade eclesiástica comum, capaz de manter vivas essas tradições. Tanto brancos como negros, ricos e pobres, letrados e analfabetos, são assistentes, participantes, chefes de culto – negros já sem lembrança das suas antigas relações tribais com a África, que aprenderam o que sabem de negros igualmente destribalizados, devotos de cultos já acomodados às condições *brasileiras* locais, e brancos que aderem a candomblés, xangôs e macumbas pelas mais diversas razões. Por motivos óbvios, não vingaram aqui as ordens sacerdotais – e cada culto se dirige por si, independentemente, sem dever obediência a nenhum outro, de modo que o aprendizado da teogonia e da liturgia se faz dentro dele, para servi-lo, ao sabor das conveniências e dos conhecimentos do seu chefe, e não em comum, para todos.

Isso se reflete, principalmente, na liturgia, porta aberta à infiltração de acréscimos, substituições e modificações no modelo original. Assim, a iniciação pode prolongar-se por um ano ou por algumas semanas como pode deixar de verificar-se de todo (candomblés de caboclo, Bahia) ou a inicianda *se desenvolve* ao mesmo tempo que participa, com as mais antigas, das cerimônias religiosas (macumba); a vestimenta pode ser sacerdotal (o crente, possuído pela divindade, se paramenta com as vestes sagradas dela, como na Bahia) ou sem nenhuma dessas coisas (Belém e Manaus); a língua ritual pode ser nagô, jeje, angolense, português, ou o que os crentes chamam guarani...

A dualidade de ritos (queto e ijexá) nos cultos mais próximos das tradições nagôs constituiu um precedente logo seguido por negros de tribos diferentes para a criação de novas modalidades rituais. A dança pode servir de exemplo.

O caráter hierático da dança ritual dos nagôs se modificou, no Brasil, primeiro, pela sua aceitação por elementos angolenses e congueses, na Bahia; em segundo lugar, pela imitação do que se supunha fosse a dança ritual dos tupis – a cabeça baixa, o corpo curvado para a frente, grande e contínua flexão de joelhos, movimentos principais para fora do círculo –, em homenagem às novas divindades caboclas, na Bahia e na Amazônia; e, finalmente, nas macumbas, pela tradição anterior de danças semi-religiosas, sem estruturação associativa que lhes permitisse fixar um padrão a que se subordinasse a iniciativa pessoal. Somente na área A a dança ritual permanece hierática, e não um abandono desordenado do corpo, ao menos naqueles cultos que apontamos como tipos-padrão de cada subárea – com maneiras estabelecidas, diversas e especiais para cada divindade, na Bahia e em Porto Alegre, ou tendendo para uma única maneira, comum a todas elas, mas ainda hierática e digna, no Recife e no Maranhão. Até mesmo o círculo em que se desenvolve a dança de acordo com o modelo nagô pode ser substituído, como acontece nas macumbas, pela carga em fileira cerrada, a seis, oito ou dez de fundo, em direção aos atabaques.

O único elemento comum da liturgia é o atabaque, acompanhamento preferencial para as cerimônias religiosas. O atabaque está presente em todos os cultos, seja percutido com varetas, seja com as mãos, de pé, montado em cavaletes, entre as pernas ou cavalgado pelo tocador, quer sozinho, quer em conjunto com outros instrumentos tradicionais, cabaças, agogôs, ou ajudado por palmas. Entretanto, em virtude de restrições policiais, do clamor da imprensa contra o ruído que produz e da adesão ao cerimonial espírita, as macumbas cariocas e paulistas, especialmente as que se localizam mais perto do centro urbano, vão aos poucos substituindo o atabaque pelo tambor e pela caixa, quando não o suprimem de vez em benefício das palmas. Em muitos pontos já se perdeu, também, o costume nagô de *consagrar* os atabaques.

O canto, a música e a dança estavam intimamente ligados entre si, no modelo de culto. Já vimos que a dança, a não ser na Bahia e em Porto Alegre, deixou de obedecer ao padrão imposto pela ocasião e, portanto, pelo canto. Em toda parte continua-se o hábito de cantar e dançar três vezes para cada divindade que se deseja saudar, mas tende a desaparecer uma característica essencialmente africana do canto litúrgico – a sua autonomia melódica em relação à música produzida pelos instrumentos de percussão. Embora parcialmente perdida, a letra dos hinos sagrados, pelo menos dos tipos-padrão da área A, tem uma seqüência ordenada e lógica, de louvação, de narrativa, de invocação, mas, nas áreas B e C, o canto quase se reduz a uma exclamação, quando não é um amontoado de palavras sem sentido ou a simples utilização de quadras populares sem conexão aparente com a divindade ou com a cerimônia.

Os subtipos, tanto os antigos como os recentes – os que agora estão surgindo ao redor de Fortaleza e de Curitiba, por exemplo –, são pontos intermediários da acelerada fusão das crenças africanas no Brasil.

9
Folclorização

Essas crenças já se estão encaminhando parcialmente para o seu destino lógico – o folclore.

Festas outrora celebradas no recesso dos cultos, como as de Iemanjá e dos gêmeos, conquistaram a Bahia, como as cerimônias propiciatórias do Ano Novo tomaram para si as praias cariocas. Em São Luís, o *tambor*, de mina e de nagô, deu um produto profano – o *tambor de crioulo*. Ao antigo cortejo dos reis do Congo aderiram os cultos da Bahia e do Recife, criando os folguedos que agora conhecemos como afoxés e maracatus. Os antigos cucumbis, predecessores dos atuais cabocolinhos e caiapós, a capoeira, o caxambu e o jongo tomaram corpo sob o estímulo das crenças trazidas da África.

As formas lúdicas, estendendo a novos setores da população as crenças e práticas básicas dos cultos de origem africana, se contribuem para a desagregação deles como unidades religiosas relativamente compactas, também reforçam, tornando-os mais compreensíveis e aceitáveis, a predisposição geral que ajuda a sua manutenção e multiplicação na região dada.

Esse tem sido o papel desempenhado, por exemplo, pelo maculelê, um jogo de bastões da Bahia, em relação aos candomblés de caboclo do Recôncavo.

10
Permanência

Talvez as desigualdades regionais de desenvolvimento econômico do Brasil possam explicar a distância relativa a que, em cada área, estão os cultos de origem africana em relação ao modelo original.

O Nordeste, entregue à sua sorte, subalimentado, talado pela seca e pela agricultura rotineira, sem modificações apreciáveis na sua estrutura econômica desde os tempos de Duarte Coelho, constitui uma região ideal para a permanência desses cultos. O acréscimo da Bahia (Leste Setentrional) ao Nordeste, para formar a zona A-1, apenas agrava as tintas do quadro, pois a Bahia, a não ser com a exploração do cacau, importante somente a partir de fins do século passado, ficou praticamente à margem do progresso nacional desde que deixou de ser a capital do país, em 1763. As condições demográficas do Nordeste e da Bahia concorrem, igualmente, para conservar a fidelidade às tradições jejes-nagôs, pois na zona A-1 se concentram mais de dez milhões de pretos e pardos, mais da metade dos recenseados no Brasil em 1950.

A área B comanda o progresso – e isso provavelmente basta para justificar a distância, que cada dia se encomprida mais, entre a macumba e o modelo de culto, enquanto a economia extrativa da Amazônia, que não mudou de caráter nem de métodos desde a penetração portuguesa, e a sua população rarefeita ajudam a entender a aceitação, com a frouxidão que têm na área C, dos cultos trazidos do Maranhão.

11
O ÚLTIMO REDUTO

Tinha razão Nina Rodrigues ao considerar uma ilusão a catequese: a sociedade brasileira não conseguiu *desafricanizar* o negro, no referente às suas crenças religiosas, enquanto teve foros oficiais a religião católica, como o fez no referente à língua, à vestimenta, aos costumes em geral.

Embora as línguas nativas da África permaneçam, em alguns pontos, como língua ritual, não há dúvida de que a língua portuguesa se impôs sobre todas elas. Dos trajes africanos, resta apenas o da *baiana*, que na sua forma final é mais brasileiro do que natural da Costa. Os pratos e iguarias que consideramos africanos – o vatapá e o caruru da Bahia e o arroz de cuxá do Maranhão, por exemplo – estão circunscritos a algumas cidades, onde constituem mais um regalo do que um costume alimentar cotidiano. Todos os folguedos do negro são ainda reconhecíveis como tais, dada a presença inconfundível de traços africanos, mas já admitem muitos elementos que os tornam privativos do Brasil. Quanto aos costumes, o negro, destribalizado pela "desgraça comum" da escravidão, não teve outra alternativa senão aceitar os da sociedade nacional.

Exatamente quando o negro estava a ponto de aceitar o catolicismo, em virtude da demolição das suas crenças religiosas, o modelo nagô atraiu todas as suas atenções.

12
SUBCULTURA

Esses cultos, seja qual for o modo em que se apresentem, são um mundo, todo um estilo de comportamento, uma *subcultura*, que pode ser vencida somente através de alterações profundas e substanciais das condições objetivas e subjetivas arcaicas de que são certamente o reflexo.
(*Decimália*, Biblioteca Nacional, 1959).

SEGUNDA PARTE
Candomblés da Bahia

INTRODUÇÃO

O candomblé incorpora, funde e resume as várias religiões do negro africano e sobrevivências religiosas dos indígenas brasileiros, com muita coisa do catolicismo popular e do espiritismo. Há sempre um pequeno altar com imagens e registros católicos na sala das festas, mas os seres que vêm ao *terreiro* são legítimos deuses africanos, o deus do ferro Ogum, o deus da caça Oxoce, o deus das tempestades Xangô; são personificações das tribos naturais do país, como Tupinambá; são figuras fantásticas, que ora divinizam as árvores, como Loco e Juremeiro, ora idealizam uma profissão, como o Boiadeiro; são antepassados comuns, que se singularizam no favor dos deuses, como os eguns... Assim se realiza a comunhão dos seres humanos com os deuses e com os ancestrais. Não se trata de uma vaga comunhão espiritual, simbólica e remota, como no catolicismo, nem de uma simples ligação passageira e acidental com os mortos, como no espiritismo. Os dois mundos se confundem no candomblé. Os deuses e os mortos se misturam com os vivos, ouvem as suas queixas, aconselham, concedem graças, resolvem as suas desavenças e dão remédio para as suas dores e consolo para os seus infortúnios. O mundo celeste não está distante, nem superior, e o crente pode conversar diretamente com os deuses e aproveitar da sua beneficência.

Eis a razão do extraordinário vigor do candomblé, que tem resistido com sucesso ao terror policial e às campanhas alarmistas da imprensa diária.

I

1
FISIONOMIA GERAL DA CASA DE CANDOMBLÉ*

O lugar em que os negros da Bahia realizam as suas características festas religiosas tem hoje o nome de candomblé, que antigamente significou somente as festas públicas anuais das seitas africanas, e em menor escala os nomes de terreiro, roça ou aldeia, este último no caso dos candomblés de influência ameríndia. Os candomblés situam-se, a bem dizer, no meio do mato, nos arrabaldes e subúrbios mais afastados da cidade. Em geral, estão localizados em sítios de difícil acesso, como os de Bernardino e Aninha, respectivamente no Bate-Folha e em São Gonçalo do Retiro, ou o antigo candomblé de Ciriáco, no Beiru, vários quilômetros adiante de qualquer condução coletiva. Outros, como o Engenho Velho e o Gantois, ficam à beira da linha do bonde, mas, ainda assim, dentro do mato. Os candomblés mais novos, de poucos anos de existência, já se encontram em casas quaisquer, na Estrada da Liberdade, no Caminho do Rio Vermelho. Para todos esses candomblés a condução se faz a pé, de bonde, raramente de carro, e, quando se verifica essa última hipótese, sucede que indivíduos de lugares diferentes fazem uma *vaca* para

---
* Ver nota de Raul Lody no final do livro.

pagar o transporte, cotizando-se entre si. Uma das aspirações mais constantes dos candomblés é ter caminho por onde possam passar automóveis, a fim de garantir uma assistência seleta às festas.

A fisionomia geral da casa de candomblé não difere muito da das casas pobres, em geral, da Bahia. O material de construção se reduz a barro e armação de madeira, às vezes caiado. Em geral, repousam apenas sobre barro batido e só por vezes se pode encontrar chão de cimento ou de tijolos. Segundo a concepção corrente, as mulheres devem dançar descalças sobre chão, nunca sobre soalho. Há alguns anos, Natividade (Neve Branca), pouco antes formado em odontologia, realizou uma inovação na sua casa de Brotas, pondo soalho em todos os compartimentos. Outros candomblés começam a fazer o mesmo. As paredes da casa de candomblé não vão até o teto – inclusive, algumas vezes, as paredes externas –, e a sua espessura se mede pela vigota que as limita ao alto. A armação de madeira continua para cima, a fim de sustentar a cobertura, quase sempre de palha e, mais raramente, de telha-vã ou de zinco. Na divisão da casa, perde-se um grande espaço com corredores, às vezes de 12 a 15 metros de comprimento, como no Engenho Velho, no Gantois, na Vila Flaviana. Ao lado desses corredores alinham-se pequenos quartos e salas que podem servir para os misteres mais diversos. Em redor da casa, abrem-se portas e janelas estreitas, pouco altas, toscamente acabadas e insuficientes à ventilação e à iluminação.

Imprescindível, nessas casas, é o lugar destinado às festas – o *barracão*. Quando o candomblé se faz em casas quaisquer, o barracão está aos fundos da casa, coberto de palmas verdes, ou simplesmente se identifica com a sala de visitas. Nas casas especialmente construídas para candomblé, o barracão faz parte do corpo da casa, como no Engenho Velho e no Gantois, ou constitui uma construção independente, como no Bate-Folha, no Beiru, em vários outros lugares. Em geral, o barracão é retangular, com duas ou três portas só, algumas janelas, havendo, às vezes, em torno, um grande espaço aberto entre a parede e o teto, protegido pelos beirais da cobertura de palha. Acima da porta principal, há um chifre de boi, um arco ou uma quartinha de barro votiva, em homenagem à divindade protetora da casa. Sobre a porta, haverá talvez uma cruz de madeira. As paredes internas têm pinturas primitivas, às vezes significativas da festa a realizar: no Engenho Velho (1938) havia pilões pintados a tinta cor de prata sobre fundo branco para a festa do Pilão de Oxalá. De um lado a outro do barracão, estendem-se cortinas e enfeites de palha ou de papel de cor, em todos os sentidos, às vezes fazendo desenhos caprichosos, como a grande estrela-do-mar mandada fazer por Sabina, das Quintas da Barra (1938), para homenagear Iemanjá. Ao fundo do barracão há cadeiras de braços, às vezes poltronas e sofás para os visitantes ilustres. A um lado, quase sempre separado por uma cerca de madeira, está o lugar reservado para os atabaques. Do outro lado está, sempre, um altar católico, com imagens dos santos mais em conexão com a gente da casa. O resto do espaço, junto às paredes, está ocupado por bancos de madeira para os assistentes. No centro dançam as mulheres, nos dias de festa. Os assistentes se dividem por sexo e por categoria: há lugar para homens e lugar para mulheres; os membros importantes de outras casas, homens ou mulheres, têm o seu lugar ao fundo do barracão. Os atabaques saúdam a entrada destes últimos com um toque especial, que os homenageados vêm agradecer, curvando-se e tocando com a mão os instrumentos. Essas homenagens são devidas aos ogãs da casa e dos demais candomblés. Toda espécie de assentos se encontra no barracão em dia de festa, desde a cadeira primitiva, incômoda, de alto espaldar, até o sofá de vime e a poltrona moderna. Haverá também cadeiras de desenho antigo, pintadas a tinta cor de prata, estofadas ou empalhadas: são as cadeiras dos ogãs (e das equedes, no Engenho Velho) há pouco *confirmados*. No barracão ou na sala das festas se aglomera, nos grandes dias, uma multidão incalculável.

Quando a casa está numa roça, há em redor vários estabelecimentos menores – casinholos de um ou dois compartimentos e árvores sagradas, separados do resto do mato por cercas de madeira – chamados *assentos* dos santos. Um desses estabelecimentos dedica-se invariavelmente a Exu e tem a porta fechada a cadeado. Outros se dedicam aos orixás protetores da casa – Ogum, Oxoce, etc. Entre as árvores sagradas encontram-se, especialmente, a gameleira branca, morada do deus Loco, excelente lugar para se deixarem oferendas, e talvez outras, como, por exemplo, Zacaí e Umpanzo, no Bate-Folha, sempre com um pano branco ou vermelho amarrado, com um grande laço, no tronco, e restos de velas ali acesas pelos devotos. Alguns orixás, como Oxalá e Iemanjá, não podem ter assentos fora de casa. O de Oxum, uma deusa da água, deve ficar perto da fonte que serve ao candomblé, ao passo que o de Oxoce, deus da caça, deve ficar quase dissimulado no mato. Nos dias de festa, ali se podem ver os atributos dos orixás entre os ornamentos: o xaxará no de Omolu, o machado no de Xangô, a espingarda no de Oxoce, bonecos e brinquedos de criança no de Oxum. Diante desses assentos a gente da seita deve abaixar-se, encostar a mão em terra e depois levá-la à testa, num gesto de saudação e de humildade.

Para levantar um barracão há regras especiais a observar. Em geral, a construção está entregue a um mestre-de-obras, nunca a um engenheiro, e, depois de cavado o alicerce, realiza-se uma imponente cerimônia, em que o chefe do candomblé deposita ali um pouco da *água dos axés*, bichos de pena, moedas correntes, jornais do dia, água-benta, flores. Tais cerimônias foram realizadas pelos candomblés de Aninha (1937) e do Gantois (1938). O fato de haver tais coisas sob os alicerces da casa foi a maior impossibilidade que se opôs ao desejo de ampliar o barracão das festas do candomblé do Engenho Velho, já insuficiente para conter a enorme multidão que ali acorre durante os festejos anuais.

Velhas e meninos são os habitantes da casa em tempos normais – às vezes velhas quase centenárias, como tia Maria, já falecida, chamada *papai* pela gente do Engenho Velho. O chefe do candomblé quase nunca mora na casa, mas numa residência particular na cidade, com os seus assistentes mais próximos. Há, também, hóspedes temporários: mulheres que vêm fazer o seu período de iniciação como filhas e homens que se vêm submeter ao processo de *confirmação* como ogãs. Nos dias de festa, muitos visitantes, valendo-se da hora adiantada da noite ou do mau tempo, abarracam-se em qualquer canto. As filhas e os ogãs que podem fazê-lo têm pequenas casas por si mesmos construídas ao redor da *casa grande*, como a gente do Gantois chama a construção principal. Isso se verifica especialmente nos candomblés mais importantes, sendo que só o Engenho Velho tem perto de vinte dessas casas ao redor dos seus muros. Os ogãs desse candomblé são mesmo induzidos a levantar construções semelhantes nas vizinhanças.

A casa pode ter várias utilidades, ora como igreja, ora simplesmente como casa, fora das festas rituais. Ali vão as filhas, todas as semanas, fazer *océ*, oferecer alimento aos seus respectivos orixás protetores, nos dias que lhes são consagrados, e, quando necessário, fazer *bori*, sacrifício de animais para conseguir a benevolência dos céus – provável reminiscência do culto nagô a Olori, "o senhor da cabeça". As filhas doentes ou velhas demais para ganhar a vida ali encontram asilo. A gente moça pode, com o beneplácito do chefe, transformar a casa em *sala de dança* para festas profanas. Em alguns candomblés, embora esporadicamente, a casa pode ser utilizada como *rendez-vous*, mas, nesse caso, o fato se reveste do caráter de favor especial a um amigo íntimo ou poderoso. Outrora, alguns candomblés serviram como postos de alistamento eleitoral, quase sempre para os partidos então no poder, já que isso podia significar uma diminuição na repressão policial ao funcionamento das seitas africanas.

Nos barracões há sempre inscrições lembrando a onipotência de Deus, como no Bate-Folha, ou pedindo, em pequenos quadros emoldurados, "Deus esteja nesta casa" e "Ordem e respeito".

2
A CASA COMO HABITAÇÃO – A LUZ E A ÁGUA

A casa, como habitação, não oferece comodidade nem segurança. Na sua construção utilizaram-se apenas barro e troncos de árvores, sem nenhum trabalho de marcenaria: o barro cai, fazendo buracos, ou desenha *barrigas* nas paredes, estalando o reboco. Os quartos são pequenos, sem luz. No verão, o calor é abafado, insuportável. Uma nuvem de poeira está sempre subindo do chão, dando uma cor barrenta a todas as coisas. No inverno a umidade gela os pés das pessoas: o chão parece estar molhado, de tão escorregadio e lamacento. Há limo nas paredes exteriores e fuligem nas interiores. O barro suja tudo. A não ser na sala das festas e num ou noutro quarto, quase sempre dos dedicados aos orixás, o resto das paredes não está caiado – e suja de barro a roupa dos homens e os vestidos das mulheres. Nos corredores, nos quartos, nas salas, há uma multidão de objetos quase sempre imprestáveis – urinóis, bacias, panelas, restos de cadeiras, ferro velho – atravancando o caminho. Há mesas de pinho, as tábuas afundando, e cadeiras de assento de palha, de pau, de couro. Nessas cadeiras, com a cabeça na mesa, muita gente dorme, nos dias de festa. A mesa também pode servir de cama, como os bancos de madeira do barracão. Raramente há camas, em geral de simples estrado de ferro: todo o mundo se deita no chão sobre esteiras de palha ou sobre panos, sem travesseiro. Há roupas estendidas, a secar, em *cordas* de arame, de um lado a outro da casa, por todos os cantos. A roupa servida está em qualquer lugar, por cima das cadeiras, pendurada em pregos, sobre as meias-paredes. A roupa limpa está guardada em cestas ou arcas, sobre estrados de madeira, quase nunca em malas. As portas e janelas são frágeis, duas ou três tábuas ligadas entre si por uma outra pregada em sentido contrário, e se fecham com taramelas. Nas portas principais haverá trancas de madeira ou escoras, às vezes fechadura e chave.

A luz natural é deficientíssima: mesmo de dia, é necessário usar luz artificial, porque a natural não se filtra suficientemente por entre as telhas ou as palhas do teto. As portas e janelas, quase sempre fechadas, não deixam entrar a luz do sol, que pára nos umbrais. À exceção das salas que limitam a casa, no sentido da extensão, o barracão inclusive, todos os compartimentos são verdadeiras furnas. As mulheres da casa resolvem a dificuldade acendendo candeeiros a querosene ou a carbureto, sendo mais comum o uso de fifós e bibianos, que custam mais barato e não necessitam de *mangas* de vidro. A fumaça do querosene deixa laivos negros nas paredes e envenena a respiração das pessoas. Às vezes há luz elétrica, mas, como a instalação nunca passa dos lugares mais importantes da casa, ou seja, o barracão, a sala de estar e talvez o quarto dos orixás, há coexistência da luz elétrica e do candeeiro a querosene. Além disso, mesmo nos raros candomblés onde há apenas luz elétrica, sempre há candeeiros prontos para funcionar em caso de falta de energia. Daí que todas as mulheres da casa, mesmo as que não fumam, tragam sempre consigo uma caixa de fósforos. Usam-se velas para os assentos sagrados ou para as lanternas de papel de cor que enfeitam a casa nos dias de festa. O barracão é sempre a parte mais bem iluminada da casa, embora haja alguns iluminados apenas a fifó, mesmo durante as cerimônias religiosas. Quando a casa festeja o seu orixá protetor, além do barracão estão profusamente iluminados a entrada e o caminho que leva à entrada. Em geral, porém, salvo nos candomblés que ficam à margem da linha do bonde, as mulheres acendem fachos para achar o caminho e os ogãs levam as suas lanternas elétricas.

    A alimentação normal não se afasta do padrão conhecido para as classes pobres. Pão ou bolacha com café ou restos de comida da véspera, pela manhã; carne-seca com farinha, seja como pirão ou como farofa, feijão, às vezes os restos da galinha sacrificada aos orixás, no almoço; pão ou bolacha e café, novamente, à noite. Raramente há as comidas chamadas *baianas* – vatapá, caruru, efó, etc. –, pois, para fazê-las, precisa-se de tempo e dinheiro; peixe e mariscos quase nunca há, porque os candomblés estão sempre longe da praia e é necessário andar quilômetros para obtê-los, mesmo a preços elevados; já o mocotó, uma comida feita com as patas, o focinho e as vísceras do boi, apesar de mais fácil, é mais raro, por ser considerado alimento muito forte, de digestão demorada; a mesma coisa acontece com o sarapatel, feito com as vísceras do porco. Em todas as comidas entram, em grande escala, azeite de dendê e pimenta. Poucos legumes e verduras, quase nenhuma fruta, exceto as da roça. Para comer, raramente se usam os garfos e facas muito primitivos e facilmente azinhavráveis: a mão substitui o talher (*manuscrito*, como dizem os negros). O pequeno almoço pode variar entre seis e dez horas da manhã. As refeições não se fazem em comum. Apesar de morarem sob o mesmo teto, cada mulher tem a sua comida particular e acontece que todas precisam cozinhá-la no mesmo fogão, com carvão ou lenha arranjados por si mesmas. A hora do almoço, portanto, é incerta, mas em geral oscila entre quatro e seis da tarde, sendo mesmo, às vezes, a única refeição do dia. Daí advêm dores de cabeça, desfalecimentos e moléstias de nutrição, que pude verificar em vários candomblés.

A água está na fonte mais próxima, talvez em cisternas. As mulheres vão buscá-la em latas de querosene, que trazem equilibradas à cabeça, às vezes desde mais de duzentos metros de distância – um provável costume banto. Essa água enche os porrões, talhas e moringas da casa, e é distribuída, nas festas, em canecos de folha-de-flandres ou ferro esmaltado, aos assistentes. Na fonte ou no riacho mais próximo, as mulheres lavam roupa *de ganho*, exercem a sua profissão de lavadeiras para ganhar sessenta, noventa ou cento e vinte cruzeiros por mês. Fora essa utilidade, a água não tem grande importância na vida civil. As mulheres lavam apenas o rosto pela manhã e algumas vezes, à tarde, às cinco ou seis horas, tomam banho no mato com uma única lata d'água e sabão de potassa ou de coco, enxugando o corpo, depois, em panos velhos ou em vestidos enxovalhados. Não se molha a cabeça. A água entra, porém, em percentagem considerável, na vida religiosa: a água de Oxalá – cerimônia que inaugura as festas da casa – é mesmo uma divinização desse elemento da natureza; a quartinha de barro dos orixás deve ter a água mudada cada dia e as iaôs são obrigadas pela tradição a, durante o noviciado, tomar banho todos os dias na fonte mais próxima, antes da aurora; os ogãs em visita devem, antes de transpor os umbrais da casa, beber um pouco d'água e atirá-la, depois, nos lados e em frente da porta. Não há vasos sanitários e, exceto algumas velhas que possuem urinóis, todas as mulheres fazem as suas necessidades no mato – e, num ou noutro caso, o mato recebe, mais cedo ou mais tarde, os excrementos.

Dentro dos muros da casa, mora uma humanidade solidária apenas nas questões religiosas, mas independente na vida civil. De fato, cada mulher vive a sua vida – e tem a sua vela, a sua comida, a sua água, às vezes a sua casa. A *casa grande* é apenas o seu ponto predileto de reunião.

3
Estudo das condições de habitação no Engenho Velho

Estudemos, como ilustração, as condições de habitação no Engenho Velho, o mais antigo de todos, que pode muito bem servir de exemplo para os outros, já que, de uma maneira ou de outra, dele se originaram todos os demais.

O Engenho Velho situa-se numa pequena elevação de cerca de 10 metros, na parte baixa de uma ribanceira que deve medir, aproximadamente, 50 metros de altura, com perto de 60 graus de declividade. A casa do candomblé estende-se horizontalmente acompanhando a antiga linha de bonde do Rio Vermelho (de baixo), para a qual se volta a ala esquerda da construção. Entre a avenida Vasco da Gama e a porta principal do Engenho Velho haverá talvez a distância de 60 metros em linha reta. Uma escadaria de pedra e cimento, de construção recente (1940), vai, por 15 a 20 metros, através dos altos e baixos do terreno, até a porta do barracão das festas, que faz parte do edifício. Em volta, há vários assentos de orixás e pequenas casas de filhas, equedes e ogãs importantes do candomblé.

A edificação principal mede 33,90 metros de comprimento por 10,20 metros de largura no extremo onde está localizado o barracão e 9,80 metros do lado oposto, ou seja, no extremo limitado pela sala de jantar. Nesses 33,90 metros de comprimento incluem-se 4,85 metros da cozinha, de construção posterior. Além da sala de jantar, do barracão e da cozinha, o Engenho Velho dispõe de nove cômodos, dos quais quatro têm janelas e três duas portas. A ala direita do edifício, que está a cerca de dois metros do barro e do mato, não tem uma única abertura, porta ou janela, exceto uma porta no extremo do barracão. Os dois penúltimos quartos da ala direita são os menores da casa, medindo 2,25 metros e 2,45 metros de comprimento por 3,25 metros de largura. Nenhum dos quartos, em qualquer das alas, mede mais de 5 metros de comprimento (o maior, o de Xangô, tem 4,70 metros), mas os da ala esquerda têm 4,55 metros de largura. Excetuando o barracão, o compartimento maior é a

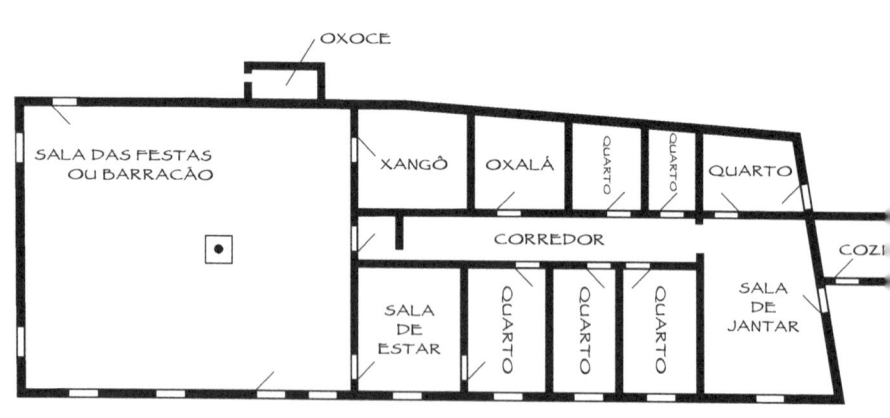

Planta do Engenho Velho

sala de jantar (6,55 m × 4,50 m). Entre os quartos há um desperdício de espaço – o corredor – medindo 12,90 m × 1,90 m, acrescido de um muro de 1,65 metros que, colocado a cerca de 2 metros da porta de entrada, esconde a visão do interior. As portas e janelas, todas de uma folha só, abrem para dentro dos quartos, ocupando espaço, em vez de abrir sobre ângulos mortos. Apenas a sala de estar se comunica com o quarto imediato. Todos os quartos têm entrada própria, especialmente o último da ala direita, que tem saída independente para o exterior.

A 7,45 metros a partir do ângulo externo do barracão, na ala direita, está um pequeno assento de Oxoce (2,25 m × 1,70 m), ou melhor, de certa espécie de Oxoce, já que o Oxoce principal está a alguns metros de distância, enfurnado no mato circundante.

Vejamos o barracão – tal como era até 1948, pois em parte por influência deste livro dele resta apenas a coluna central.

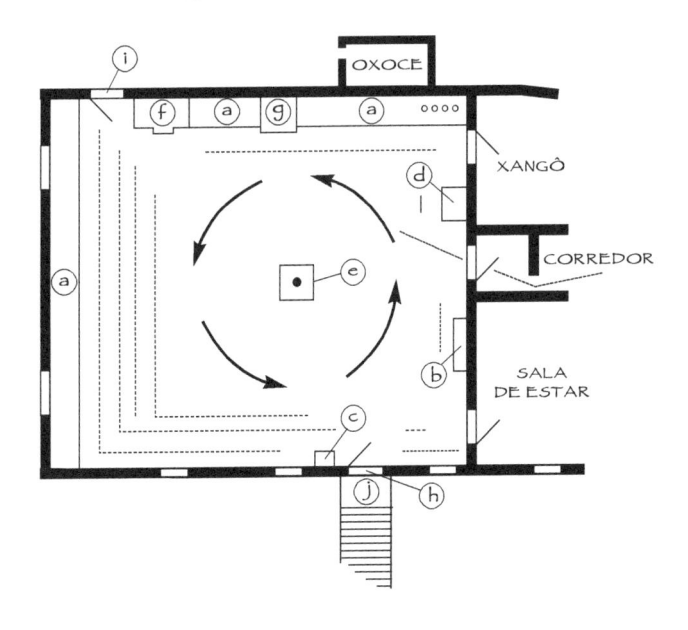

Essa sala das festas mede 11,65 metros de comprimento por 10,20 metros de largura, tem duas portas, uma sobre a ala esquerda (h), outra sobre a ala direita (i), e cinco janelas de pouco mais de um metro de largura, três sobre a ala esquerda, duas sobre a outra face do edifício. Três outras portas abrem para os cômodos interiores. A área do barracão era grandemente diminuída em virtude do espaço reservado aos assistentes femininos (a), que media ora 0,90 metro, ora 0,85 metro, pelo altar católico (b), pelo assento de Exu (c), pelas cadeiras de confirmação dos ogãs (d) e das equedes (g), pelo lugar reservado à orquestra (f) e pela coluna central (e), que repousa sobre um estrado de madeira de pouco mais de um metro quadrado de superfície. Em redor dessa coluna (e), dançavam as filhas, no sentido indicado pelas setas, e, como as filhas entravam e saíam pela porta do corredor, também esse trecho ficava obstruído. Bancos de madeira e cadeiras de todos os tipos alinhavam-se na direção indicada pelas linhas interrompidas. A quantidade de ar e de luz disponível, já insuficiente em condições normais, ficava extremamente reduzida pela aglomeração de pessoas nas portas (h e i), na escadaria (j) e nas janelas do barracão. Pode-se calcular, sem grande esforço, o enorme transtorno que tal aglomeração deveria causar, especialmente nos dias de grandes festas.

A cobertura do Engenho Velho é de simples telha-vã.

II

1
PROCEDÊNCIA AFRICANA DOS CANDOMBLÉS

Esses candomblés vieram todos da África e só ultimamente se complicaram com a influência da mítica ameríndia e do espiritismo. O tráfico trouxe escravos de três regiões diferentes – da Guiné Portuguesa (Costa da Malagueta), do Golfo da Guiné (a Costa da Mina, outrora dividida em Costa do Marfim, Costa do Ouro e Costa dos Escravos) e de Angola, dando a volta ao continente para alcançar a Contra-Costa (Moçambique). Os pesquisadores brasileiros, seguindo o *lead* de Nina Rodrigues, dividem os africanos chegados ao Brasil em dois grandes grupos *lingüísticos*, sudaneses (os da Guiné e da Costa da Mina) e bantos (Angola e Moçambique). Os da Costa da Mina desembarcavam na Bahia rumando daí para a zona da mineração, enquanto todos os demais foram trazidos para São Luís do Maranhão, Bahia, Recife e Rio de Janeiro, donde se redistribuíram para o litoral do Pará e o interior de Alagoas, Minas Gerais e São Paulo. O tráfico interno misturou as várias *nações* africanas, mas, às vésperas da Abolição, pode-se dizer que em geral o negro banto continuava a labutar na agricultura, ao passo que o negro sudanês se urbanizava, compondo a criadagem do senhor ou vivendo à sua custa como *negro de ganho*, especialmente na Bahia, no Recife, no Maranhão e no Rio de Janeiro.

Entre os negros sudaneses chegados à Bahia, deve-se ressaltar a importância dos hauçás e dos iorubás ou nagôs. Os primeiros, muçulmanos, eram numérica e intelectualmente superiores aos demais e sobre eles exerceram predomínio até meados do século XIX, tendo mesmo arrastado mandês (mandingas), nagôs e tapas a uma série de guerras santas nos anos de 1807, 1809, 1813, 1816, 1826, 1827, 1828, 1830, até a grande *jihad* de 1835, que marca, também, o seu extermínio pela repressão policial. Data daí a importância sempre crescente dos negros nagôs, que passaram a liderar intelectualmente a população negra da cidade, tendo por companheiros os negros ewes ou jejes, cuja mitologia e cuja organização social se assemelham às dos seus vizinhos da Nigéria.

Nina Rodrigues levantou um mapa das línguas africanas faladas na Bahia, no seu tempo. Apesar de incompleto, esse mapa é muito significativo, pois mostra que se falavam, então, o nagô, o jeje, o hauçá, o canúri, o tapa, o gurunxe (galinha), o txi, o gá, o mandê (mandinga), o fula, os dialetos bantos.

Ainda se falam hoje o nagô, o jeje (inclusive a variação *mahi* [maí], que se pronuncia *marrim*) e uma algaravia que os negros apelidam de Angola, havendo quem saiba falar alguma coisa do tapa, do hauçá e do galinha. Bernardino, chefe do candomblé do Bate-Folha, trabalhou para o Congresso Afro-Brasileiro da Bahia (1937) um extenso vocabulário da língua do Congo. O nagô é falado com extraordinária fluência na Bahia, especialmente na vida religiosa, por gregos e troianos, e é com vocábulos nagôs, em geral, que se designam objetos de culto, situações, cerimônias, etc.

2
Os candomblés atuais

Há hoje cerca de cem candomblés na Bahia – e, se se estabelecer média de 300 pessoas para cada, teremos a média geral de 30 000 pessoas ligadas aos candomblés, numa cidade que só em 1950 ultrapassou a cifra de 400 000 habitantes.

Destes, pude examinar 67, total dos inscritos na União das Seitas Afro-Brasileiras da Bahia (1937). Classificando-os de acordo com as declarações dos seus respectivos chefes, consegui obter o seguinte quadro de *nações*:

Angola	15
caboclo	15
queto	10
jeje	8
ijexá	4
Congo	3
ilu-ijexá	2
alaqueto	1
muçurumim	1
nagô	1
africano	1
Daomé	1
iorubá	1
Moxe-Congo	1
Angola-Congo	1
Congo-caboclo	1
Angolinha	1
	67

Esse quadro pode-se resumir no seguinte:

Candomblés sudaneses	30
bantos	21
ameríndios	15
afro-indígenas	1
	67

Ora, essas cifras podem servir, ainda, como um demonstrativo do sincretismo religioso na Bahia. Com efeito, os candomblés sudaneses se subdividem em várias *nações* (queto, ijexá, alaqueto, muçurumim, etc.) e em designações vazias de sentido (nagô, africano, iorubá, ilu-ijexá, etc.). Nem mesmo a designação de caboclo pode servir para os candomblés ameríndios, pois que esses candomblés são formas degradadas dos candomblés jejes-nagôs e às vezes também dos malês e dos bantos. Angola não supõe necessariamente a influência exclusiva desta *nação*, pois os candomblés de Angola só se diferenciam do jeje-nagô por particularidades relativamente sem importância de ritual, de toque, de dança, às vezes de língua. Em todos, sem exceção, ora mais, ora menos, se pode notar a influência religiosa dos negros de iorubá.

Os candomblés mais importantes são os de *nação* queto e, entre estes, os do Engenho Velho, do Opô Afonjá (da falecida Aninha, atualmente sob a direção de Senhora), do Gantois (Menininha), do Alaqueto (Dionísia) e do Ogunjá (Procópio). Há quem me afirme, porém, que não há dez candomblés de queto, contra o que dizem as cifras da União. Entre os jejes, avultam os do Bogum (Emiliana), de Manuel Menez e de Manuel Falefá, no último dos quais fui encontrar, ainda vivos, mitos daomeanos sobre Xangô (*sobô*) e o culto de Dã, "o encanto dos bichos de arrasto". Entre os de ijexá, o de Eduardo Mangabeira, no X.P.T.O. Entre os de Angola, o da falecida Maria Neném e do Tumba Junçara (Ciriáco). Entre os do Congo, o do Bate-Folha (do falecido Bernardino, agora sob a chefia de Paizinho). Entre os de caboclo, o Odé Tayocê (Otávio), o de Sabina, o da Areia da Cruz do Cosme (Miúda). Há somente um candomblé muçurumim (malê), a Seita Africana Potentiosa da Bahia, de Pedro Manuel do Espírito Santo, na Estrada da Liberdade.

Outros candomblés importantes, como o Oxumarê (Cotinha), da Mata Escura, não se matricularam na União.

Nos últimos anos surgiram novos candomblés em vários pontos da cidade e alguns já conquistaram certa popularidade e renome, como Otacílio de Obaluaiê (Bogum), Emília de Oxum e Nonô de Oxum (Brotas), Zezé de Iansã e Bobó de Iansã (Nordeste), Álvaro de Obaluaiê (Asilo) e Diaci de Oxoce (Retiro).

3
A OBRA DO SINCRETISMO

O sincretismo religioso se desenvolveu na Bahia, ora entre as seitas africanas, ora entre estas e as religiões cristãs, de preferência a católica, que durante muito tempo foi a religião oficial do país, ora entre as seitas africanas, já modificadas pelo catolicismo, e as doutrinas espíritas.

A assimilação com o catolicismo continua a verificar-se hoje, e até em maior escala: tendo começado como um subterfúgio para escapar à reação policial, que de vez em quando se encarniça contra os candomblés, torna-se cada vez mais uma segunda natureza. Assim, podemos encontrar altares católicos em todos os candomblés; todos os orixás têm correspondentes entre os santos da Igreja: a Cruz, a Hóstia, o Cálice, os episódios da Arca, do nascimento e do batismo de Cristo são relembrados nos cânticos, especialmente os cânticos em português; e as iniciandas (iaôs) devem assistir à missa no Bonfim, numa sexta-feira previamente marcada, antes de se considerarem aptas para o exercício das suas funções divinas.

A simbiose com o catolicismo não oferecerá, talvez, dificuldades para o observador, porque é recente e se exterioriza com as próprias palavras empregadas pelos sacerdotes católicos. Já não sucede o mesmo quanto à fusão entre as seitas africanas. E, assim, a não ser depois de algum tempo de atenta observação, torna-se muito difícil determinar exatamente a *nação* a que pertence qualquer candomblé. Daí a conveniência de designações gerais como nagô, banto e caboclo para uma primeira grande divisão dessas seitas. Em seguida, é possível, dentro dessas classificações, obter outras, mais particulares, mais aproximadas da realidade. Hoje muitos candomblés não mais se dedicam a uma só *nação*, como antigamente, seja porque o chefe atual tem *nação diferente* da do seu antecessor, e naturalmente se dedica às duas, seja pela grande camaradagem (que entretanto não deixa de supor certa irritação) existente entre as pessoas mais conhecidas de todos os candomblés, o que faz com que se homenageiem tais pessoas, tocando e dançando à maneira das suas respectivas *nações*. Já não é raro tocar-se para qualquer nação em qualquer candomblé. Assim, no Engenho Velho e no Gantois, duas casas onde a tradição queto exerce uma verdadeira tirania, pude ver cantar e dançar para *encantados* caboclos. É verdade que, nos candomblés nagôs, isso raramente acontece, mas é uma deferência a que não podem fugir nem mesmo esses candomblés.

A fusão com o espiritismo, ainda mais recente, produziu as *sessões de caboclo*, tendo atingido, em primeiro lugar, os candomblés de caboclo, mais abertos a influências estranhas do que os demais.

Os homens do candomblé quase nunca se contentam com ver apenas as festas da sua casa. Freqüentam outras. Há mesmo quem não perca essas festas, sem levar em conta a distância nem o mau tempo. Estes merecem o nome de *sete roncós* (sete atabaques) ou o apelido nagô de *akirijébó* [aquirijebó], composto de dois vocábulos iorubás, *kiri* (procurar) e *ebó* (sacrifício religioso), que significaria, segundo Martiniano do Bonfim, *fiscal de feitiço*, mas que, na linguagem corrente, significa apenas freqüentador de candomblés. Esse hábito andejo muito concorre para o sincretismo interior das seitas africanas.

4

LOCALIZAÇÃO DOS CANDOMBLÉS

Os candomblés se distribuem pelos bairros pobres da cidade, desde o Nordeste (Amaralina) até São Caetano, já na estrada de rodagem entre Bahia e Feira. Pode-se dizer que *sitiam* a zona propriamente urbana da Bahia. Assim, vamos encontrar candomblés no Rio Vermelho, na Mata Escura, na Vila América, na Federação, na Fazenda Garcia, nas Quintas da Barra, na Avenida Oceânica, em Brotas, na Goméia, em São Gonçalo e na Fazenda Grande do Retiro, no Beiru, no Bate-Folha, na Areia da Cruz do Cosme, na Cidade de Palha, na Quinta das Beatas, no Engenho Velho, na Ilha Amarela, na Formiga, nos Fiais, na Estrada da Liberdade, no Matatu Grande, no Bogum, no Forno, na Calçada. Fora de portas, há candomblés em Itapoã, Lobato, Parafuso, Plataforma, Peri-Peri...

No Estado, de acordo com informações colhidas pela União, há candomblés nos municípios de Feira de Santana, Alagoinhas, Nazaré, Amargosa, Cachoeira, Santo Amaro, São Félix, Castro Alves, Ilhéus, Itabuna, Belmonte e, segundo pesquisas pessoais, na costa nordeste da ilha de Itaparica, nas povoações da Gameleira, Bom Despacho e Amoreira, na última das quais há um candomblé especialmente dedicado ao culto dos eguns (egunguns), as almas dos mortos, sob a chefia do velho Alibá. Somente em Ilhéus e Itabuna a União conseguiu recrutar (1937) cerca de trinta candomblés.

Pelo que pude inferir, há uma zona de influência decisiva dos bantos nos candomblés do Recôncavo da Bahia, nas cidades de Santo Amaro, Cachoeira e Nazaré e na ilha de Itaparica, que se pode verificar até pelo relativo estado de pureza em que se encontra o folclore de Angola e do Congo na região. Note-se que, mesmo nesse caso, os nagôs ocupam lugar de destaque. Nessa zona está mesmo localizada a casa dos eguns, uma tradição especial dos negros de iorubá.

5
ANTIGUIDADE DO CANDOMBLÉ DO ENGENHO VELHO

O candomblé do Engenho Velho deu, de uma forma ou de outra, nascimento a todos os demais e foi o primeiro a funcionar regularmente na Bahia.

A data da sua fundação remonta, mais ou menos, a 1830, de acordo com cálculos feitos por mim, embora haja quem lhe dê até 200 anos de existência.

Fundaram o atual Engenho Velho três negras da Costa, de quem se conhece apenas o nome africano – Adetá (talvez Iá Detá), Iá Kalá e Iá Nassô. Há quem diga que a primeira destas foi quem lhe plantou o *axé*, mas esta precedência não parece provável, pois ainda hoje o Engenho Velho se chama Ilê Iá Nassô, ou seja, em português, Casa de Mãe Nassô. Por muito tempo essas três mulheres emprestaram grande brilho à casa, não se tendo certeza, entretanto, quanto a se repartiam entre si o poder ou se sucederam nele. De qualquer maneira, o nome de qualquer das três merece ainda as maiores reverências por parte das filhas. Sucedeu-lhes Marcelina, que talvez nunca imaginasse a querela que, após a sua morte, iria dividir as filhas e continuar por muitos anos – até hoje.

Duas filhas, duas Marias Júlias – uma da Conceição, outra Figueiredo –, disputavam a chefia do candomblé. Venceu Maria Júlia Figueiredo, que era, aliás, a substituta legal de Marcelina, como mãe-pequena (iá quequerê). Essa Maria Júlia gozava de grande prestígio entre os negros e merecia, na festa dos *gueledês* (máscaras), que antigamente se realizava, a 8 de dezembro, na Boa Viagem, exatamente no local em que está hoje a Vila Militar, o título honroso de Ialodê-Erelu.

Vencida, a outra Maria Júlia – Maria Júlia da Conceição – se afastou, arrendou terreno no Rio Vermelho e lá fundou, com as demais dissidentes, o atual candomblé do Gantois, do nome do proprietário francês. Dizem as filhas desse candomblé que a Conceição, tendo sido espoliada nos seus direitos, trouxe para o Gantois os axés do Engenho Velho, transformando, portanto, o novo candomblé no legítimo continuador do antigo, o de Iá Nassô. Essa Maria Júlia da Conceição foi mãe de Pulquéria, chefe do Gantois ao tempo das pesquisas de Nina Rodrigues. Pulquéria foi tão ilustre que hoje existem as palavras *canzuá* e *ganzuá*, corrutelas de Gantois, como sinônimos de candomblé, ou melhor, do tipo ideal de candomblé encarnado pelo de Pulquéria, assim como os inúmeros Versalhes aparecidos em diferentes países da Europa no século de Luís XIV. Menininha (Escolástica Maria de Nazaré), sobrinha de Pulquéria, continua, atualmente, com zelo e dedicação inexcedíveis, a brilhante tradição de mães-de-santo herdada dos seus antepassados.

Até a cisão, a Ilê Iá Nassô funcionava numa roça, na Barroquinha, dentro do perímetro urbano. Depois, quase simultaneamente com a fundação do Gantois, o Engenho Velho se mudou para o trecho chamado Joaquim dos Couros, no Caminho do Rio Vermelho (de baixo), onde ainda está. Sob a pilastra central, que suporta o peso do telhado do barracão das festas, dizem as filhas estarem enterradas as mesmas coisas – jornais do dia, moedas do tempo e animais sacrificados – sobre que se levantaram os alicerces da Barroquinha, por volta de 1830.

Substituiu Maria Júlia Figueiredo, na direção do Engenho Velho, Mãe Sussu (Ursulina). Com a sua morte, outra divergência iria cindir novamente as filhas. Essa divergência seria chefiada por Aninha (Eugênia Ana Santos, 1869-1938), filha de Bambuxê e, por um complicado parentesco espiritual, filha do Engenho Velho. Irmã de santo de Ti'Joaquim, do Recife, então na Bahia, Aninha lutou por fazê-lo o substituto de Sussu. Venceu, entretanto, o partido da ordem. Por qualquer motivo, sinhá Antônia, substituta legal de Sussu, não podia tomar a chefia do candomblé. Em conseqüência, o lugar de mãe foi ocupado por Tia Massi (Maximiana Maria da Conceição), com sinhá Luzia como mãe-pequena e sinhá Antônia como zeladora da casa (ialaxé).

Antônia e Luzia morreram há alguns anos.

Ti'Joaquim, Aninha e as dissidentes do Engenho Velho, não se tendo conformado com a derrota, fundaram um candomblé independente – o Axé de Opô Afonjá, sob a direção de Ti'Joaquim, a quem sucedeu a própria Aninha, que, ao morrer, em 1938, teria talvez quarenta anos de *feita* e aproximadamente vinte anos de mãe, devendo ter *feito* dezenas de filhas.

6
Uma frase de Aninha

Ora, Aninha costumava dizer:
– O Engenho Velho é a cabeça, o Opô Afonjá é o braço.

Por essa exposição se vê, entretanto, que Aninha teria sido mais exata se dissesse que o Engenho Velho era o tronco e o Opô Afonjá a cabeça – entre outras coisas porque Aninha foi, incontestavelmente, a figura feminina mais ilustre dos candomblés da Bahia.

III

1
Como se desenrola uma festa de candomblé*

Uma festa de candomblé geralmente começa com a *matança* – sacrifícios de animais, galo, bode, pombo, etc., ao som de cânticos e em meio a danças sagradas, com a assistência apenas da mãe, do sacrificador (axogum) e de algumas filhas mais velhas, co-administradoras da comunidade. O sangue dos animais rega as pedras (*itás*) dos orixás, em cerimônia propiciatória secreta, no peji do candomblé.

Depois da matança, todas as filhas são arrumadas em círculo no barracão. No chão, haverá uma garrafa de azeite de dendê, um prato com farofa, talvez um copo de água ou de cachaça. Vai-se fazer o despacho (padê) de Exu, *o homem da rua*, um espírito que, como criado dos orixás, pode fazer o mal e fazer o bem, indiferentemente, dependendo da vontade do invocante. Aqui, entretanto, a cerimônia tem o sentido de lhe pedir licença para realizar a festa, que poderia perturbar, se quisesse, pelo fato de não haver sido homenageado. Exu, depois do despacho, consegue a boa vontade dos orixás para o sucesso da festa. Os atabaques começam a tocar, enquanto as filhas em coro entoam canções para Exu. Então, uma das filhas mais

---
* Ver nota de Raul Lody no final do livro.

velhas, *dagã* ou *sidagã*, especialmente designada para esse fim, dançando em torno da comida sagrada, tira ora um pouco de azeite, ora um pouco de farofa, ora um pouco de água, e vai jogá-los fora, à entrada da casa, para que o *homem da rua* possa recebê-los.

Depois dessa indispensável cerimônia, as filhas cantam para todos os orixás, sob a direção da iatebexê, encarregada de *puxar* os cânticos, ou da mãe, que se senta perto da orquestra e sacode o adjá, uma ou duas campânulas de metal, de som agudo. Para cada orixá devem-se cantar três cantigas. Há cantigas e danças especiais para cada orixá. Depois de esgotada a lista de orixás, a festa chega ao auge. Está cumprida a sua missão, que se resume no culto dos deuses, e a cerimônia pode inclusive acabar.

Mas, como cada filha fez um noviciado como servidora de determinado orixá (ou de mais de um, nos candomblés de caboclo), está mais ou menos predisposta a, em qualquer oportunidade, servir-lhe de *cavalo*, de veículo para as suas comunicações com os mortais. Assim, se a orquestra está tocando para Xangô, a filha A, filha de Xangô, sentirá estremeções pelo corpo, começará a ter tonteiras, perderá o equilíbrio, andará como bêbeda de um lado para outro à procura de apoio e, afinal, vencida pelo orixá, adquirirá outra fisionomia e recobrará os sentidos: de olhos fechados (ou bem abertos, nos candomblés de caboclo), começará a dançar, talvez a falar e, praticamente, a orientar a festa, que desde então se dirige somente a ela, ao menos por certo tempo. Possuída pelo orixá, a filha pode recusar-se a dançar qualquer cantiga; pode tomar nos braços crianças doentes e curá-las atirando-as para o ar ou soprando-lhes na barriga e nos ouvidos; pode cantar *sotaque*, alusões desagradáveis aos seus desafetos. A seu serviço ficam uma ou duas mulheres, as equedes, cujo trabalho consiste em cuidar dos orixás nessas ocasiões: essas mulheres protegem a filha contra quedas, trabalhos excessivos, muito suor. Entretanto, pouco depois, a filha B, de Oxalá, a filha C, de Ogum, e a filha D, de Oxum, *caem no santo*, são possuídas pelos seus respectivos orixás – e, naturalmente, cessa o domínio absoluto da filha A, que deve reparti-lo com as demais. Mais tarde, a mãe, com um aceno, manda levar os *santos* – as filhas A, B, C e D – para o interior da casa. A saída dessas filhas tem, como conseqüência imediata, uma quebra no ritmo ascendente da festa. Apesar de as outras filhas continuarem dançando, falta a presença dos orixás, que empresta grande interesse às cerimônias.

No interior da casa, as filhas A, B, C e D estão sendo vestidas, pelas equedes, com as vestimentas especiais dos seus respectivos orixás. A filha de Xangô trará um vestido em que dominem as cores vermelha e branca e terá nas mãos um machado em forma de T; a de Oxalá estará vestida totalmente de branco, apoiando-se num cajado; a de Ogum vestirá azul e trará uma espada na mão; a de Oxum, amarelo, cor de ouro, e levará pulseiras e ventarola de latão; uma filha E, de Oxoce, de verde, carregará uma espingarda, arco e flecha, bichos de pena...

A mãe, na sala, entoa um cântico especial. Todos os assistentes ficam de pé, enquanto *os santos* – não mais as filhas! – fazem a sua entrada triunfal, acolitados por equedes munidas de alvas toalhas.

Depois dessa homenagem coletiva aos orixás, a iatebexê dá início às cantigas especiais para cada qual deles. Então, a filha A dançará sozinha, ou com uma filha F, que por acaso também tenha sido possuída por Xangô. Depois, a filha B. Em seguida, a filha C. E assim por diante. Cada qual desses orixás terá, entre a assistência, pessoas especiais da sua afeição e, a estas, homenageará com uma curvatura, um aperto de mão e um abraço à direita e à esquerda do tórax. Diante dos atabaques, o orixá deve rojar-se no chão. Abençoará e abraçará todas as pessoas que se lhe dirigirem, pedindo-lhe a proteção divina. Diante da mãe a reverência será maior: o orixá atirar-se-á no chão, abraçá-la-á três ou mais vezes, beijar-lhe-á a mão, soltará grunhidos de satisfação. Todos os orixás podem repetir os passes mágicos para a cura das moléstias que afligem a multidão de crentes.

O objetivo principal do candomblé parece ser a presença dos orixás entre os mortais. Assim, ao menos teoricamente, a festa está no fim desde que os orixás, já convenientemente vestidos, penetram na sala. Em geral, quando isso acontece, já se avizinha a meia-noite. O cansaço geral das filhas, o receio de incomodar terceiros, uma ordem da polícia, etc., serão razões para terminar a reunião; mas a ordem parte, em qualquer caso, da mãe, cuja autoridade é absoluta sobre toda a comunidade religiosa.

2
Pequenos incidentes

Outros incidentes, não essenciais, podem confundir o observador, embora só longinquamente se relacionem com a festa.

Antes de transpor a porta do candomblé, os homens com funções na casa devem tomar nas mãos uma quartinha com água dos orixás e, depois de beber um pouco, jogar o resto no chão, em direção à frente, à direita e à esquerda. É uma cerimônia de purificação, que já se vai tornando rara. Assim os homens entram *limpos* no candomblé.

A filha deve simplesmente benzer-se à porta, mas, dentro de casa, diante do peji, deve rojar-se no chão ou, pelo menos, levar um pouco de terra à testa – uma outra maneira de fazer o mesmo gesto. Mas ali estará a mãe, a mãe-pequena, alguns ogãs, os tocadores de atabaque. A filha deve saudá-los todos, cada qual de maneira especial. Diante da mãe deve rojar-se no chão até beijar-lhe a mão negligentemente estendida: se o seu santo for masculino, a filha deitar-se-á completamente de bruços (icá); se for feminino, apoiar-se-á nos quadris e no antebraço, uma vez do lado direito, outra do lado esquerdo (dobale). Só depois disso poderá beijar a mão da mãe, talvez abraçá-la. A mãe-pequena também pode merecer essa homenagem, mas é mais fácil a filha tomar-lhe apenas a bênção, com ligeira flexão de joelhos. Diante dos ogãs, a filha deve ajoelhar-se para pedir-lhes a bênção. Os tocadores de atabaque só merecem homenagem especial quando em função: nesse caso a filha deve repetir os gestos desenvolvidos diante da mãe, ajoelhando-se depois para pedir a bênção a cada qual dos tocadores ou a todos, com um rápido aceno da esquerda para a direita. Em geral, as pessoas que devem abençoar as filhas nunca dizem o *Deus te abençoe* costumeiro: fazem um vago gesto com a mão sobre a cabeça da filha.

Depois de começada a festa, à chegada de um ogã ou de pessoa grada de outro candomblé, os atabaques interrompem a música e saúdam vibrantemente o recém-chegado, que deve, meio ajoelhado, passar a mão no chão e levá-la em seguida à testa, tocando depois, com os dedos, os atabaques, num agradecimento. Só então pode abraçar a mãe e a mãe-pequena e apertar a mão dos amigos.

Durante a festa, de vez em quando as filhas põem a mão em terra e em seguida a levam à cabeça. Isso acontece quando o canto muda de *nação* – de queto para ijexá, por exemplo. O gesto significa, ao mesmo tempo, um pedido de licença e uma saudação ao povo em cuja língua se vai cantar.

IV

1
Olorum, Zaniapombo, Oxalá

A gente dos candomblés acredita num ser superior, um deus supremo, geralmente chamado Olorum (nagô) ou Zaniapombo (Angola, Congo, caboclo).

O deus supremo está totalmente identificado com o deus dos cristãos, com quem se parece muito. Ladipô Sôlankê, estudando os nomes dados a esse ser, na Nigéria, cita, entre outros, os de Olorum, o mais comum de todos (o dono ou senhor do céu), Olodumaré (o senhor do destino eterno), Obá Orum (rei do céu), Eledá (Criador do Universo), Odudua (ser que existe por si mesmo) e Obatalá (rei ou ser imortal). Os dois últimos nomes têm sido confundidos por vários pesquisadores, e especialmente pelo coronel Ellis, com divindades distintas. Com as suas características de criador do mundo, de pai de todas as criaturas, de senhor dos destinos da humanidade, de ser eterno e imortal, justo e misericordioso, o deus dos negros iorubás facilmente encontrou um símile no deus do cristianismo.

Esse deus não tem culto organizado, nem representação material – exatamente como nas demais religiões –, mas é lembrado, em vários candomblés, em legendas e cânticos, como a inscrição *Lá iraxé d'orixá abá toutou* (acima da coroa do rei, só Deus), que havia no candomblé de Paim, no Alto do Abacaxi, e a palavra *Masarinacihiu* (Deus mais do que tudo), pintada na parede do barracão de Bernardino, no Bate-Folha, e mesmo na vida profana, como no açougue do Alufá, da Baixa dos Sapateiros, ao tempo de Nina Rodrigues, que tinha no pórtico a frase nagô *Kô si Obá kan afi Olorum* (só há um rei que é Deus).

Os candomblés de Angola e do Congo e os candomblés de caboclo em geral reconhecem como a suprema divindade Zaniapombo (*Zambi* em Angola, *Zambi-ampungu* no Congo), um ser que, já na África, se confundia com Jesus Cristo.

Mais raros são os nomes de Niçace e Allah, nos candomblés de influência jeje e muçulmana ou nos poucos candomblés em que ainda perdurem traços dos negros tapas.

Oxalá, identificado com o Senhor do Bonfim, e mais raramente com o Divino Espírito Santo, recebe – como entre os católicos da Bahia – as homenagens que se deveriam prestar a Olorum. Chamam-no Orixá Babá, santo-pai, e Babá Okê, pai da colina – a colina do Bonfim; Kacuté, Lembá, Lembarenganga (Senhor Lembá), Kaçubeká... É considerado o pai de todos os orixás e, portanto, avô dos mortais – donde se chamar a sua morada, a igreja do Bonfim, Lançaté de Vovô. Oxalá veste-se totalmente de branco e prata ou níquel; controla as funções sexuais da reprodução e inicia os ritos de purificação dos candomblés, com a *água de Oxalá*; come cabra, pombo, conquém, milho branco e catassol (igbim), apelidado *boi de Oxalá*. Surge sob duas modalidades – Oxalufã, velho, arrastando os pés, de corpo caído, apoiando-se a um cajado, e Oxodinhã ou Oxaguinhã, moço, desempenado, alegre, como o Deus-Menino, com um pilão de metal branco na mão. Na primeira dessas modalidades é chamado, familiarmente, *papai*.

Abaixo desses deuses, encontram-se "espíritos ancestrais" chamados orixás (nagô), voduns (jeje), inquices (Angola e Congo), encantados (caboclo) ou simplesmente santos, devido à influência católica.

Ladipô Sôlankê esclarece:

A idéia da grandeza sem par de Deus parece ser predominante na concepção iorubá da divindade. Essa mesma idéia da sublimidade de Deus parece ter criado outra noção, a de que um ser tão supremamente grande, tão majestoso e tão excelente não se humilharia a ponto de intervir, diretamente, nos negócios dos mortais. Entretanto, o iorubá crê que Ele é o ser que controla o Universo e todas as coisas, todos os negócios dos homens – e isso por intermédio de vários agentes, coletivamente chamados orixás, a quem, por analogia, imaginamos – como os ministros de um rei da terra – ao pé de Deus.

Essa é a concepção ainda em vigor na Bahia.

2
OS ORIXÁS NAGÔS

Os orixás nagôs são, em geral, personagens evemerizados, que representam as forças elementares da natureza ou as atividades econômicas a que se entregavam os negros, na região do Níger.

Xangô, representação das tempestades e dos raios, do trovão e das descargas elétricas, é um orixá fálico. As lendas correntes na Bahia o dão como rei de Oió e às vezes de todo o povo nagô. É festejado a 30 de setembro. Mora na pedra do raio, as suas cores são o branco e o vermelho e a sua insígnia é um machado com asas. Come carneiro, galo, cágado (*ajapá*) e omalá, um caruru especial. Além da sua manifestação principal, a mais comum, Xangô pode surgir como Xangô de Ouro, adolescente, forma hoje rara, ou como Airá, velho e alquebrado: Xangô de Ouro se veste das mais variadas cores, enquanto Airá se veste de branco com barras vermelhas. Identifica-se ora com São Jerônimo, ora com Santa Bárbara, e na forma de Airá com São Pedro, na de Xangô de Ouro com São João Menino. É ambivalente, macho e fêmea (veste calças por baixo das saias), mas cada vez mais se torna um orixá masculino.

Oxoce, o deus da caça, encontra símile em São Jorge e é mesmo representado, nos candomblés nagôs, pela imagem católica do santo, de armadura e lança em punho, combatendo o dragão. Traz instrumentos de caça – arco e flecha, aljava, espingarda, capanga e rabo de boi (eiru) e por vezes bichos de pena dependurados do cinto. Veste-se principescamente, de manto aos ombros. Algumas vezes tem um chapéu de couro, de feltro ou de veludo. É festejado no dia de *Corpus Christi*. Come porco, bode, boi, galo e conquém (galinha de Angola). Mora no mato, escondido por plantas nativas, e as suas cores são o verde, o azul e o vermelho vivos.

O deus do ferro, Ogum, se representa pela sua *ferramenta* – um feixe de pequenos instrumentos de lavoura, machado, foice, enxada, pá, picareta, etc. – e se identifica com Santo Antônio, que na Bahia é capitão do exército nacional. É o *dono das estradas*, o orixá que *abre as encruzilhadas*, devido às suas estreitas relações com Exu, considerado seu escravo. Solteirão, mora no mato, a céu aberto – a sua forja certamente poria fogo a qualquer espécie de teto. Come bode, galo, azeite de dendê, pipocas (doburu). Surge sempre com uma espada na mão e dança como que duelando. A sua cor é o azul profundo. É o patrono das artes manuais.

Omolu, o deus da bexiga, e por extensão de todas as moléstias, surge ora como Omolu, velho, decrépito, retorcendo-se de dor, de movimentos exasperadoramente tardos, ora como Obaluaiê, moço e forte. Traz sempre um capuz de palha da Costa (filá), que lhe cai até os ombros e lhe oculta a face, e empunha um feixe de palhas cercado de búzios (xaxará). Quando Omolu, velho, identifica-se com São Lázaro, outras vezes com São Bento; quando Obaluaiê, moço, com São Roque, outras vezes com São Sebastião. Come bode, porco, galo, conquém, pipocas, e as suas cores são o vermelho e o preto. Tem a sua festa a 16 de agosto. Veste calças por baixo das saias. É um orixá muito popular – o médico dos negros.

Iroco, a gameleira branca, passou a chamar-se Loco, devido aos jejes. Era antigamente a morada de um deus, mas agora serve como árvore sagrada, o *pé de Loco*, excelente lugar para se deixarem oferendas aos orixás. Os negros identificam a gameleira branca – raramente – com Francisco de Assis. Quando surge nos candomblés, coisa muito difícil de acontecer, dança de joelhos, coberto de palhas da Costa.

Oxumarê, o arco-íris, está identificado com São Bartolomeu e é festejado ruidosamente a 24 de agosto, numa fonte das vizinhanças de Pirajá. Criado de Xangô, tem para os negros a forma de uma serpente. Come carneiro, cágado, galo, aberém. Veste-se de branco, com enfeites de búzios e contas amarelas, e traz um tridente na mão.

3
As iabás*

Os orixás femininos – as iabás – são quase todos orixás das águas e em geral gozam de larga popularidade entre a gente do candomblé.

Nanã, a Senhora Sant'Ana, festejada a 26 de julho, é considerada a mais velha das mães-d'água, mãe de todos os orixás. Come carneiro, galinha, acaçá, axoxô, pipocas, aberém, e as suas cores são o azul-claro e o branco. Dança como pessoa de idade, como vovó, como se tivesse um menino nos braços.

Iemanjá, a mãe-d'água, se identifica com a Senhora da Conceição e é festejada a 8 de dezembro. Come pato, cabra, conquém, galinha, acaçá; traz enfeites de contas d'água, espada e abebé branco, com uma sereia recortada no centro; as suas cores são o azul e o vermelho. Sob os mais diversos nomes – pois nela concorrem mitos africanos, europeus e ameríndios sobre a mãe-d'água –, merece homenagens universais dos negros e em geral do povo da Bahia. O seu culto se exerce mais em público do que mesmo dentro do candomblé.

---
* Ver nota de Raul Lody no final do livro.

Iansã, mulher de Xangô, para quem teria vencido uma guerra, se identifica com Santa Bárbara e é festejada dentro e fora dos candomblés a 4 de dezembro – dia em que é certo haver chuvas e trovoada. Come cabra, galinha, conquém, acarajé e abará. Como Xangô, controla as tempestades e as suas cores são o vermelho e o branco. Traz um rabo de boi (eiru) e uma espada de cobre na mão. É muito popular entre as mulheres, devido ao seu gênio irrequieto, altivo e empreendedor.

Oxum, deusa das fontes e dos regatos, se identifica com a Senhora das Candeias e tem a sua festa a 2 de fevereiro. Traz um abebé de latão. Come cabra, bode, uado, axoxô e chupa cana. É uma deusa-menina – e o seu assento nos candomblés, nas proximidades da fonte, está sempre repleto de brinquedos. A sua cor é o amarelo-ouro. Surge ainda como Oxum-Apará, de leque e espada, e nesse caso é uma Oxum que vive na estrada, em companhia de Ogum.

4
Oçãe e Obá

As exceções, entre as iabás, são Oçãe e Obá.

Oçãe, *a dona das folhas*, se fundiu com a Caipora brasileira. Veste-se de chitão e as suas cores são o rosa e o verde. Festejada na terça-feira, traz uma cabaça, fuma, bebe mel e cachaça, come bode, frango e milho branco. É a encarnação do mato, a Amiga Folhagem, por isso mesmo difícil de *fazer*.

Obá, iabá guerreira, está remotamente identificada com Joana d'Arc. Não tem uma das orelhas – e os negros contam que, mulher de Xangô, menos querida do que as outras, acreditou nas palavras da favorita Iansã, que lhe disse que, para conquistar o amor do orixá, deveria cozinhar a orelha. Traz espada e escudo de cobre – e com o escudo, com folhas ou simplesmente com a mão oculta a orelha esquerda. Come cabra, galinha, conquém, acarajé e abará.

Outras *iabás*, como Apó Oká, Iamacê Iamalê (mãe de Xangô), Euá e Oninlé, estão em franco processo de desaparecimento.

5
Exu

Exu (ou Elegbará) tem sido largamente mal interpretado. Tendo como reino todas as encruzilhadas, todos os lugares esconsos e perigosos deste mundo, não foi difícil encontrar-lhe um símile no diabo cristão. O assento de Exu, que é um casinholo de pedra e cal, de portinhola fechada a cadeado, e a sua representação mais comum, em que está sempre armado com as suas sete espadas, que correspondem aos sete caminhos dos seus imensos domínios, eram outros tantos motivos a apoiar o símile. O fato de lhe ser dedicada a segunda-feira e os momentos iniciais de qualquer festa, para que não perturbe a marcha das cerimônias, e, mais do que isso, a invocação dos feiticeiros a Exu, sempre que desejam fazer mais uma das suas vítimas, tudo isso concorreu para lhe dar o caráter de orixá malfazejo, contrário ao homem, representante das forças ocultas do Mal.

Ora, Exu não é um orixá – é um criado dos orixás e um intermediário entre os homens e os orixás. Se desejamos alguma coisa de Xangô, por exemplo, devemos *despachar* Exu, para que, com a sua influência, a consiga mais facilmente para nós. Não importa a qualidade do favor – Exu fará o que lhe pedirmos, contanto que lhe demos as coisas de que gosta, azeite de dendê, bode, água ou cachaça, fumo. Se o esquecermos, não só não obteremos o favor, como também Exu desencadeará contra nós todas as forças do Mal, que, como intermediário, detém nas suas mãos. Eis por que os primeiros momentos da festa lhe são dedicados: os negros conquistam, assim, de antemão, os favores que, durante a cerimônia, esperam receber dos orixás. Eis por que o primeiro dia da semana lhe é dedicado: os dias subseqüentes correrão felizes, suavemente, sem perturbações nem intranqüilidades.

Quando os negros dizem *despachar* Exu, empregam esse verbo no sentido de *enviar, mandar.* Exu é como o embaixador dos mortais. Tem por objetivo realizar os desejos dos homens – sejam bons ou maus – e cumpre a sua missão com uma precisão matemática, com uma eficácia e uma pontualidade jamais desmentidas. O *despacho* de Exu é uma garantia prévia de que o favor a pedir será certamente obtido.

Assim como pode interceder junto aos orixás para o mal, também pode fazê-lo para o bem. Depende daquele que pede a sua intercessão. Daí a existência de *compadre*, um Exu familiar a todos os candomblés, que por vezes mora *dentro* da casa, como o *genius loci*, o cão de guarda fiel e vigilante. O próprio título de *compadre* implica uma familiaridade que se não compreenderia, se porventura Exu representasse as forças contrárias ao homem, o espírito do Mal. No Engenho Velho, por exemplo, além do assento de Exu, nas vizinhanças do candomblé – de pedra e cal, a porta fechada a cadeado, como nos demais –, há, no recinto do barracão, a morada do compadre, feita de tela, com armação de madeira, diante da qual se curvam, reverentemente, mas sem sombra de temor, as filhas da casa e os assistentes das festas. O compadre do candomblé de Idalice também merece a solicitude de toda gente.

É exatamente por causa dessa sua qualidade de criado dos orixás e de intermediário entre os homens e os orixás que o candomblé começa por festejá-lo. Toda festa começa com o despacho de Exu (padê). A tradição africana manda que as cerimônias se iniciem com a matança de certos animais, como o cão (hoje raro), o galo, o bode, no peji do candomblé, caindo o sangue dos animais sacrificados sobre Exu; mas, atualmente, já se vai descurando esse cerimonial tradicional e os candomblés realizam apenas a segunda parte do *despacho* de Exu, no barracão. Duas filhas, especialmente destacadas para essa função, dagã e sidagã, depositam no centro do barracão um copo com água e a comida de Exu. Depois, dançando em volta da comida, ante as filhas formadas em círculo, a sustentar o coro, em certo momento apanham o copo e a comida de Exu e atiram parte da água e da comida muito longe, às vezes mesmo nos limites da roça. O restante volta para o assento de Exu. Os presentes abrem alas, ante a passagem da dagã e da sidagã. Só então pode a festa, propriamente, começar.

Nos candomblés nagôs e jejes, Exu é invocado em língua africana, mas, nos demais candomblés, a sua invocação não é amável, nem de sentido constante. Um cântico nagô para *o homem da rua* diz: "Exu, vem receber o teu sacrifício (ebó)", ao passo que os cânticos com que se iniciam as festas nos candomblés de outras nações dizem, umas vezes,

> Sai-te daqui, Aluvaiá,
> que aqui não é teu lugar...

e, outras vezes, de modo mais camarada,

> Bombonjira,
> vem tomar xoxô...

À exceção dos nagôs (Exu) e jejes (Legba), os negros de outras nações chegados à Bahia não conheciam espíritos semelhantes ao *homem das encruzilhadas*. Daí a sua incapacidade de evitar o símile com o diabo cristão. Entretanto, nos candomblés nagôs e jejes, Exu e Legba nada perderam das suas características fundamentais.

Além dos nomes já citados, Exu – espírito cultuado universalmente pelos negros da Bahia – tem ainda os nomes de Mojubá, Ekeçã, Barabô, Tibiriri, Tiriri, Lonã, Juá, Maromba, Pavenã, Kolobô, Chefe Cunha, Maioral...

Embora não seja exatamente um orixá, Exu pode manifestar-se como um orixá. Nesse caso, porém, não se diz que a pessoa é filha de Exu, mas que tem um *carrego* de Exu, uma obrigação para com ele, por toda a vida. Esse *carrego* se entrega a Ogunjá, um Ogum que mora com Oxoce e Exu e se alimenta de comida crua, para que *não tome conta* da pessoa. Se, apesar disso, se manifestar, Exu pode dançar no candomblé, mas não em meio aos demais orixás. Isso aconteceu, certa vez, no candomblé do Tumba Junçara (Ciriáco), no Beiru: a filha dançava rojando-se no chão, com os cabelos despenteados e os vestidos sujos. A manifestação tem, parece, caráter de provação. Este caso do candomblé de Ciriáco é o único de que tenho notícia acerca do aparecimento de Exu nos candomblés da Bahia.

6
IBÊJI, OS GÊMEOS

Ibêji (ou simplesmente Beji), os gêmeos, são espíritos inferiores, orixás-meninos, coletivamente chamados erês ou *os meninos* – muito populares na Bahia. Surgem sempre depois da manifestação de qualquer orixá, como um período de transição para o estado normal, pois os negros acreditam que todas as pessoas que têm *santo* têm também um erê – de Cosme e Damião, de Crispim e Crispiniano, de Doú e Alabá... Possuída pelo erê, a pessoa fala e se comporta como criança, para divertimento geral. Durante as festas públicas, são saudados com a exclamação *Iá-ô*.

No candomblé da Flaviana, atualmente sob a direção de Maria Eugênia, os *erês* têm uma festa especial – a corda de Ibêji. Numa corda estendida de um lado a outro do *barracão*, penduram-se frutas, pedaços de cana, um pote com dinheiro miúdo, etc., e, a certa altura das cerimônias religiosas, todos os presentes começam a saltar para alcançar as coisas pendentes da corda, até que esta fique completamente nua. Cada pessoa fica com o que conseguir apanhar. Depois desse intervalo de risos, de saltos e brincadeiras, os atabaques voltam a tocar e a festa prossegue.

O culto aos *meninos* já é um costume tradicional entre a população pobre da Bahia, mais fora do que dentro do candomblé.

7
OS VODUNS JEJES*

Os voduns jejes são essencialmente os mesmos que os orixás nagôs, mas são menos conhecidos pelos seus verdadeiros nomes, em virtude da popularidade dos deuses de iorubá.

Xangô, entre os jejes, se chama Sobô (*Sogbo*) e tem por insígnia o machado com asas; Iroco, a gameleira branca, se chama Loco, nome por que é conhecida universalmente na Bahia (*pé de Loco*); Ogum, deus do ferro, tem o nome de Gun (*Gu*); Oxumaré, o de Obecém; Ibêji, os gêmeos, o de Hohô; Exu, o de Leba (*Legba*): e assim por diante... Nanã se chama Nanã Burucu, como no Daomé (*Nàná Burukù*), e é considerada a criadora do mundo, a mãe de tudo o que existe.

Os jejes foram quase completamente absorvidos pelos nagôs, embora tenham resistido bravamente à absorção. Os candomblés dessa nação, na Bahia, são apenas três – o da velha Emiliana, no Bogum, o mais importante de todos, o Poço Betá (Manuel Falefá), na Formiga, jeje-maí (*mahi*), e o de Manuel Menez, em São Caetano. Essas casas têm resguardado galhardamente a pureza do culto jeje.

8
DÃ

Uma figura especial desses candomblés jejes é a serpente, Dã, que representa "o princípio de mobilidade" (Herskovits) e é considerada "o encanto dos bichos de arrasto" (Manuel Falefá).

Nina Rodrigues ainda encontrou vestígios do culto da cobra no candomblé de Livaldina, embora tão apagados que lhe fizeram concluir pela inexistência desse culto na Bahia. Donald Pierson (1938)

---
* Ver nota de Raul Lody no final do livro.

soube que, em São Caetano, havia uma árvore em que se adorara a serpente. Essa árvore ainda existia há alguns anos, nos fundos da *roça* de Joãozinho da Goméa, depois arrendada a Vavá Pau-Brasil, e era crença geral que certa Pascoalina ali se transformara em Dã.

No candomblé da velha Emiliana há uma serpente pintada na parede do barracão; Manuel Menez me afirmou que "as cobras não o mordem"; e Manuel Falefá, contando-me o nascimento do arco-íris, lhe deu o nome de Soboadã, que entretanto suponho seja apenas uma Dã especial de Sobô (*Sogbo*), pois, no Daomé, todos os voduns têm uma. De qualquer modo, Dã está presente em todos os candomblés jejes ainda existentes na Bahia.

O seu estudo ainda está por se fazer.

9
OS INQUICES DE ANGOLA E DO CONGO

Os candomblés de Angola e do Congo têm os mesmos deuses (inquices) que os candomblés nagôs, mas com outros nomes, e talvez com diferenças superficiais de apresentação.

Assim, Ogum é Sumbo ou Incoce Mukumbe; Nanã, Kerê-Kerê; Iansã, Bamburucema; Oxoce, Tauamin, Matalumbô ou Congombira; Omolu, Burungunço ou Kuquete; Xangô, Zaze, Cambaranguanje ou Quibuco; Loco, Catende, identificado com São Sebastião, ou Tempo; Oxalá, Lembá ou Caçubecá; Oxumarê, Angorô; Exu, Aluvaiá ou Bombonjira...

Os negros de Angola e do Congo não tinham deuses próprios, conhecendo apenas, remotamente, *Zambi* (Angola) e *Zambi-ampungu* (Congo), que, talvez por influência da concepção católica da pomba do Espírito Santo, se transformaram e reuniram em Zaniapombo. Há um ou outro inquice, apenas, de criação Angola ou Congo, e entre estes Angoroméa, derivado de Angorô e identificado com Santa Isabel; Vumbe, as almas dos mortos; Zacaí e Umpanzo, espíritos inferiores que habitam as árvores... Os inquices atuais foram apropriados de outros povos, como os nagôs e os jejes, ou são criações recentes e sem passado.

10
Os *encantados* caboclos*

Os *encantados* caboclos são os mesmos deuses dos nagôs e dos jejes, já modificados pela influência dos negros de Angola e do Congo e, mais recentemente, pela influência espírita. Sobre isso, há uma leve tintura de conhecimentos – palavras e práticas, em número muito reduzido – sobre o indígena, mais exatamente o indígena *oficial*, valente, ágil, esperto, profundo conhecedor dos segredos das plantas e em contato com as forças da natureza.

Ora, esses *encantados* são simples reproduções dos orixás nagôs, como Sultão das Matas ou Caboclo do Mato (Oxoce); são orixás nagôs modificados pela gente de Angola, como o Caboclo Malembá (Lembá = Oxalá); são orixás nagôs misturados com voduns jejes, e igualmente influenciados pelos negros de Angola, como o Santo da Cobra ou Cobra Cauã, identificado com São Bento – uma curiosa fusão de Omolu com Dã; são adaptações de deuses nagôs e jejes, como Juremeiro, que mora no pé da jurema (Loco); são as mesmas divindades nagôs e jejes, como Borocô (Nanã Burucu) e Sereia Mucunã (Iemanjá). Ogum, o deus do ferro, se multiplica nesses candomblés em Ogum Marinho, Ogum do Cariri, Ogum de *Lê*, Ogum Sete Espadas, Ogum de *ronda*, Ogum da Pedra Preta, Ogum Sete Encruzilhadas, Ogum Menino, Ogum Maiê, Ogum da Pedra Branca...

Poucos *encantados* são autênticos nesses candomblés, como Tupã, deus *oficial* dos indígenas brasileiros, e Tupinambá, representação ideal dessa tribo; como Salavá, identificado com São Salva-

---
* Ver nota de Raul Lody no final do livro.

dor, que suponho simples corrutela de *salvar* (saudar), e como Peixe Marinho, identificado com São José; o Dono do Mato ou a Caipora, gênio da floresta, que assalta os viandantes pedindo fumo, sempre a pular numa perna só, conhecido no sul por *saci* – aliás muito semelhante à iabá Oçãe; como o Boiadeiro, de chapéu de couro e longo barbicacho (às vezes, completamente vestido de couro, à moda típica dos vaqueiros do Nordeste), pitando um enorme cachimbo de barro e aboiando –

> Quando eu vim de lá de cima,
> eu vim foi de pé no chão,
> com meu arco e minha flecha,
> meu chapéu de couro na mão...

– um *encantado* muito parecido com o Oxoce dos nagôs.

Já outros *encantados*, como Sete Serras, Pena Verde, Serra Negra e os Caboclos Jaci, Mata Verde e Pedra Preta, são recentes e denotam a influência do espiritismo.

A contribuição original dos candomblés de caboclo está em Martim-Pescador – a divinização dos animais.

11
Martim-Pescador

O pássaro Martim-Pescador – que os negros chamam Martim-Bangolá, Martim-Quimbanda, Marujo – tem a função de leva-e-traz, de correio entre os mortais e os *encantados*, e por isso mesmo não tem as proporções de um *encantado*, mas de um anjo-da-guarda, na verdade muito especial:

> Martim-Pescador,
> que está fazendo?

> – Tou na porta da venda,
> tou bebendo...

As pessoas possuídas por Martim-Pescador apresentam todos os sinais de alucinação alcoólica e se põem a fazer toda sorte de diabruras. Sabe-se, mesmo, que a pessoa está possuída por essa estranha divindade das águas porque, logo em seguida à sua chegada, esta faz o sinal característico de beber, com o polegar direito. Trazem-lhe cachaça – e ela bebe, bebe até não poder mais.

> Martim-Pescador,
> que vida é a sua!
> Tomando cachaça
> e caindo na rua...

A família também:

> Meu pai é cachaceiro,
> minha mãe é beberrona...

Marujo tem a função de timoneiro, de guia das embarcações a porto seguro – e foi nessa qualidade que acompanhou a procissão marítima organizada por Sabina, das Quintas da Barra, para levar um presente à mãe-d'água no Monte-Serrate (1938):

> Marinheiro,
> agüenta o leme,
> não deixa o barco virá

Os aderentes dos candomblés de caboclo o imaginam como tendo vindo de Portugal, como os nautas de outrora:

> Sou Marujo,
> que venho de Lisboa,

> navegando pelas onda do má
> Eu venho pelo mastro do meio,
> pra trazê uma pomba reá

Não é possível imaginar Martim-Pescador, mensageiro dos deuses, senão pedindo cachaça, caindo de bêbedo, à porta da venda, no bojo dos saveiros, na *aldeia* dos caboclos, em toda parte.
É um Mercúrio nacional.

12
OS PRESENTES PARA A MÃE-D'ÁGUA

Iemanjá, a mãe-d'água, mora no Dique e merece as mais ruidosas homenagens da população de cor da Bahia. Tem os nomes mais variados – Janaína ou Dona Janaína, Princesa ou Rainha do Mar, Princesa do Aiucá ou Arocá (o mar), Sereia, Sereia do Mar e Sereia Mucunã, Dandalunda (Angola), Caiala (Congo), Inaê (aférese de Janaína com mais um *ê* eufônico), Marabô, Dona Maria...

É o orixá mais poderoso "do fundo do Calunga" (o mar) e é no mar, e em geral nas águas, que se exerce o seu culto. Os devotos lhe dão *presentes* – embrulhos, cestos ou vasos contendo flores, pó-de-arroz, pentes, sabonetes, vidros de perfume, espelhos, laços de fita, etc. – que levam para um lugar bem fundo do mar ou para onde as águas se encontram. Se não afundar, o *presente* não será aceito. Dessas homenagens, em toda a baía de Todos os Santos, participam brancos, mulatos e negros, pescadores, marinheiros, carregadores dos portos, artífices, homens do povo. É tão importante o culto popular à mãe-d'água – tanto individual quanto coletivo – que, somente num dia, 2 de fevereiro, há festas de largo, com *presentes* suntuosos, em Itapoã, no Rio Vermelho e na Amoreira (Itaparica).

As pessoas que têm *obrigações* com Iemanjá só se consideram quites com a mãe-d'água quando lhe levaram *presentes*, em ruidosas procissões marítimas, a bordo de saveiros a vela ou a remo, ao som dos atabaques e dos cânticos sagrados, *em todas as águas* – na Lagoa do Abaeté (Itapoã), em Amaralina, no Dique, na Lagoa de Vovó (Fazenda Grande do Retiro), no Rio Vermelho, nas cabeceiras da Ponte e na Loca da Mãe-D'água (Monte-Serrate). Também se dão *presentes* à mãe-d'água nas povoações itaparicanas da Amoreira, do Bom Despacho e da Gameleira.

Partilham dessas homenagens, em posição secundária, Nanã e Oxum.

13
O CARURU DE COSME E DAMIÃO

Cosme e Damião – os Ibêji nagôs – são objeto de grande culto essencialmente doméstico, familiar, na Bahia.

Muitas famílias têm duas pequenas velas sempre acesas diante da imagem dos *meninos*: os gêmeos são casamenteiros, ajudam a encontrar objetos perdidos, protegem contra doenças, *abrem os caminhos* – mudam para melhor a sorte dos devotos. Diante dessa imagem, nos dias de quarta-feira e de sábado, põem-se pequeninos pratos de barro com caruru e quartinhas de água nova, da torneira. A água, ao ser mudada, não se joga fora, pelo menos em lugar onde possa ser pisada: servirá para regar plantas ou para beber, pois se acredita que a água das quartinhas de Ibêji comunique saúde.

Oficialmente, os gêmeos têm a sua festa a 27 de setembro, dia preferido para casamentos entre as classes pobres, mas cada família pode festejá-los arbitrariamente, em qualquer dia, desde que cumpra certas obrigações estabelecidas pela tradição. A festa se chama o *caruru dos meninos*.

Três vezes, em dias diversos, antes do sábado ou do domingo geralmente escolhidos para a festa, saem os santos dentro de uma caixa de papelão cheia de pétalas de rosa, a pedir esmolas, conduzidos por algumas crianças. Quase sempre pede-se esmola publicamente, de porta em porta:

— Missa pedida pra São Cosme!

Esse processo só é usado pelos devotos mais pobres, mas em qualquer caso os santos devem sair, pelo menos até a casa dos amigos, a pedir esmolas, desde um tostão, à vontade. O dinheiro das esmolas deve ser todo gasto com os *meninos*, sob pena de se cometer um pecado imperdoável.

No dia da festa, a família, amigos e aderentes assistem a uma missa para os *meninos*, contratada de antemão numa igreja qualquer. Uma criança — em geral do sexo feminino — leva a imagem particular da família e a deposita no altar, para receber a bênção do padre. Essa missa deve ser mandada celebrar todos os anos, a fim de não *atrasar* o devoto.

Em casa, desde a véspera, os fogões disponíveis estão ocupados no cozimento dos petiscos que constituem o *caruru dos meninos* — caruru, feijão fradinho, abará, acarajé, galinha de xinxim, acaçá, banana da terra em azeite de dendê, milho branco, inhame, farofa de azeite de dendê com camarão, pipocas. De faca em punho, as mulheres cortam roletes de cana, pedaços de coco. Outras fazem aluá, uma garapa de cascas de abacaxi em fusão ou de gengibre com rapadura. De tudo isso, porém, só é indispensável o caruru. De todas essas comidas se deve pôr um pouco aos pés dos santos, antes que alguém se tenha servido delas, e, mais, os pés e a cabeça da galinha.

A família terá convidado especialmente todas as crianças da redondeza, pois, quanto maior for o número delas, melhor. Os adultos podem comparecer também, mas só as crianças são *convidadas* para a festa.

À tarde, tem lugar a comezaina, que se inicia com o banquete, em comum, da meninada, em meio a cânticos especiais, que fazem parte de um verdadeiro ritual, que acompanha, passo a passo, a comida dos santos.

Sobre o chão da sala de jantar estende-se uma esteira de palha, onde se sentarão as crianças, e sobre a esteira põe-se uma bacia de tamanho regular, onde haverá comida suficiente para todas.

Canta-se para chamar as crianças:

> Venha cá,
> venha cá, Dois-Dois

As crianças se arrumam, como podem, em torno da bacia. Todas devem comer *de mão*, sem garfos nem facas, e, em certos lugares, devem estar também descalças. A meninada vai comendo quanto, como e o que lhe apetece, sem cerimônia, enquanto os adultos, em volta, cantam os três cânticos seguintes:

> 1) Eu te dou que comê, Dois-Dois
> Eu te dou que bebê, Dois-Dois

> 2) Eu tenho papai,
> que me dá de comê
> Eu tenho mamãe,
> que me dá de bebê

> 3) Quem me dá de comê
> também come
> Quem me dá de bebê
> também bebe

Esse último cântico se refere aos *meninos*, diante de quem se realiza o banquete infantil.

Se, por acaso, a comida acaba, antes que as crianças se saciem, surgem mulheres trazendo novos pratos e cantando:

> Ainda tem mais, Dois-Dois

Agachadas ou sentadas em torno da grande bacia, as crianças comem caladas, ouvindo os cânticos, sujando a roupa e o rosto, interessadas apenas em comer. Mesmo depois de satisfeitas, conservam-se sentadas no chão, os dedos dentro da bacia.

Então, ouve-se o cântico especial para *levantar* a mesa:

> Já comeu?
> – Já!
> Já bebeu?
> – Já!
> Graças a Deus!

O *já!* é a resposta, em coro, das crianças.

Logo depois, vêm os cânticos de agradecimento, cantados pelos adultos, cânticos em que se notam influências dos candomblés de Angola e do Congo e das *aldeias* de caboclo:

> 1) Lovado seja, ô meu Deus,
>   (o) que Cosme e Damião comeu!
>
> 2) Jambururu,
>   aerê-ê-ê,
>   o macundê que São Cosme recebeu!
>
> 3) Sumbo no Cacunda
>   Angola
>   caruru milonga
>   ai-ai
>   Levanta por Nossa Senhora
>   Levanta por Zaniapombo
>   cacurucá-ê

Aqui termina a festa das crianças, seguindo-se então a dos adultos. A excitação provocada pelos cânticos possibilita a continuação da festa pelo resto da tarde – as mulheres batendo palmas, os homens arranhando a faca no prato, todos cantando, entre outras, as seguintes quadras:

> Eu vi São Cosme
> na beira d'água
> comendo arroz
> e bebendo água
>
> Cosme e Damião,
> menino vadio,
> vai jogá espada
> na beira do rio
>
> Cosme e Damião,
> sua casa cheira
> a cravos e rosas
> e a flor de laranjeira

 Esgotado o repertório de cânticos para os *meninos*, os adultos começam a cantar sambas e, à noite, para coroar a festa, rapazes e moças, ao som de uma orquestra improvisada, transformam a casa em *sala de dança*.

Cosme e Damião simbolizam, no costume popular, todos os gêmeos, quer *verdadeiros*, quer *falsos* mas os *verdadeiros* (monozigóticos) são mais especificamente representados por Crispim e Crispiniano.

14
A REPRESENTAÇÃO DOS DEUSES

 Os deuses se representam – como ensinou Nina Rodrigues – "por objetos inanimados", água, pedras, conchas, pedaços de ferro, árvores e frutos. Especialmente pelas pedras (*itás*), que são residência favorita dos orixás.

Sob a influência do catolicismo popular, os deuses já se vão fazendo representar pelas suas insígnias – Xangô pelo machado em forma de T, Oxum pelo abebé de latão, Omolu pelo xaxará...

A gente dos candomblés não tem ídolos, mas figuras com semelhança humana, esculpidas em madeira, chifre de boi ou massa (oxês), que representam sacerdotes ou filhas possuídos pelos orixás. Os oxês mais comuns são os de Xangô – uma figura de homem encimada pelo machado com asas; os de Iemanjá – uma mulher ajoelhada, barriguda, de seios enormes, sustentando na cabeça uma gamela; os de Exu – um homem de ferro, nu, chifrudo, com um bastão de que partem sete pontas de lança, portanto muito parecido com o diabo cristão, ou um boneco de massa, de tronco vigoroso e braços fortes, obeso, de pernas curtas, os olhos bem abertos e vivos. Não são ídolos, mas, como representam manifestações dos orixás e são mantidos e cuidados no *peji* dos candomblés, não tardará o dia em que se tornem ídolos, uma transformação para que muito concorre a concepção popular dos santos católicos. Ibêji, os gêmeos, são mesmo representados pelas imagens católicas de Cosme e Damião.

Diante da representação material dos orixás – pedras, frutos, *oxês* ou insígnias –, há, no *peji* dos candomblés, tigelas com a comida especial de cada e quartinhas com água, que se oferece aos amigos e a pessoas gradas, nos dias de festa.

15
Visão de conjunto

Vemos, assim, que os deuses dos candomblés são em geral os deuses nagôs, e em menor escala os jejes, modificados ou apropriados pelos negros de outras nações, como os de Angola e do Congo, e pelos caboclos.

Podemos notar a presença dos orixás nagôs em todos os candomblés, ora com os seus verdadeiros nomes, ora com outros, mas em geral com as mesmas características. Os jejes têm os mesmos deuses que os nagôs, com nomes muito semelhantes, mas também têm Dã. Os negros de Angola e do Congo, não tendo uma concepção tão adiantada das forças da natureza, se apropriaram dos deuses nagôs e jejes, adaptando-os às suas práticas religiosas, e nesse processo criaram alguns espíritos inferiores, sem maior importância. Os caboclos já receberam os deuses nagôs e jejes em segunda mão, através dos Angolas e dos Congos, e realizaram as mais estranhas combinações (o Santo da Cobra), as mais curiosas adaptações (Juremeiro), as mais singulares criações (Martim-Pescador). Os candomblés de caboclo levaram ao extremo o trabalho de adaptação iniciado pelos Angolas e pelos Congos, trazendo concepções (a caipora) e idealizações (Tupã e Tupinambá) ameríndias e estabelecendo uma ponte de ligação para as *sessões de caboclo* (os caboclos Jaci, Mato Verde, Pedra Preta, etc.), em que os candomblés perdem a sua fisionomia em benefício do espiritismo.

Os nagôs são conservadores, tradicionalistas – um pouco mais do que os jejes, os Angolas e os Congos são liberais; os caboclos são gente sem tradição, de espírito aberto a todas as influências.

V

1
A LITURGIA DOS CANDOMBLÉS

A liturgia nagô serve de padrão e modelo para as festas de todos os candomblés, com pequenas alterações que não modificam essencialmente a sua fisionomia.

O tempo de iniciação, entre os nagôs e os jejes de cerca de um ano, vai-se reduzindo com os Angolas e os Congos, até ficar em apenas dezessete dias entre os caboclos, ou mesmo zero, em certos casos. Se as filhas nagôs e jejes se dedicam, por toda a vida, a um único orixá, os Angolas e os Congos, e especialmente os caboclos, podem receber em si dois, três ou mais *encantados*. As filhas nagôs e as vodúnsis jejes, quando possuídas pelos deuses, dançam de olhos fechados, com movimentos para dentro do círculo. Os candomblés de Angola e do Congo seguem mais ou menos esse exemplo, mas os *encantados* caboclos dançam de olhos abertos, com movimentos para fora. A dança dos candomblés nagôs e jejes, e em menor escala Angola e Congo, é pesada, desgraciosa e monótona, quase senhorial, exigindo movimentos apenas de braços e pernas, exceto em determinadas ocasiões, enquanto a dança dos candomblés de caboclo é animada, vivaz e decorativa, permitindo muito de iniciativa pessoal, com flexões do tronco e dos joelhos e súbitas reviravoltas do corpo. Os deuses, depois de manifestados, em todos os candomblés, são recolhidos para o interior da casa e vestidos com as suas paramentas especiais. Os candomblés de caboclo, entretanto, quase nunca seguem esse costume – e é comum que se dance mesmo com a vestimenta profana. Entre os deuses nagôs e jejes, somente Oçãe fuma, somente Exu *come* cachaça e fumo, mas, entre os caboclos, a Caipora e o Boiadeiro pitam cachimbo, Martim-Pescador *bebe* canadas de cachaça e os demais *encantados* fumam charuto. Nos candomblés nagôs e jejes, os atabaques são percutidos com cipós chamados *aguidavis*; nos candomblés de Angola e do Congo, ora com os *aguidavis*, ora com as mãos; nos candomblés de caboclo, invariavelmente com as mãos. As insígnias dos orixás nagôs e jejes vão perdendo as suas características, nos candomblés de Angola e do Congo, pela sua substituição por objetos semelhantes, singulares ou curiosos, e são gradual ou totalmente eliminados nos candomblés de caboclo. Somente nos candomblés de caboclo pode suceder que pessoas completamente estranhas à casa, quando em transe, dancem, sem cerimônia, em meio aos demais *encantados*.

2
As homenagens coletivas aos orixás

Os orixás nagôs, vestidos com as suas roupas especiais, são saudados, ao voltar à sala das festas, com o cântico:

– Edurô demim lonã
– Ê aumbó que ajô

que é uma homenagem conjunta aos deuses. Todos os presentes se levantam e se conservam de pé até que o cântico termine.

Nos candomblés de Angola e do Congo, os inquices são saudados com um cântico igualmente de homenagem coletiva:

Toté! Toté!
Toté de maiongá!
– Maiongonguê!
– Maionga-ê!

Entretanto, nos candomblés de caboclo, o *encantado* mesmo se anuncia, saudando a *aldeia*, e em seguida canta *cantigas de licença*, em que palavras nagôs (*agô* = licença), angolenses e portuguesas se misturam:

Banda munxá irá,
agô
Banda munxá irá,
agô lelê
Banda munxá irá,
me dá licença

Esse cântico tem correspondente em nagô:

Agô lelê
agô lô dake
   (ou agô lonã)
ô xaorô

Somente nos candomblés de caboclo o *encantado* fala imediatamente depois de manifestado. Nos demais candomblés, os deuses se conservam calados e em geral suspendem a dança até que estejam devidamente paramentados.

3
SAUDAÇÕES ESPECIAIS

Todos os deuses têm saudações especiais, conhecidas de todos os aderentes dos candomblés.

A de Oxalá é *Exê-ê babá* (Oxalufã) e *Ep, ep, babá* (Oxodinhã ou Oxaguinhã); de Xangô, *Kaô Kabiecilé*: de Omolu e Obaluaiê, *Atotô*; de Oxoce, *Okê*; de Iansã, *Êparrei*; de Oxum, *Ora-ieiê-ô*; de Iemanjá, *Odô iyá-ê*; de Nanã, *Salubá*; de Oxumarê, *Arrobobô*; de Ogum, *Patacori*; de Oçãe, *Eu-Eu*; de Ibêji, *Iá-ô*... A saudação de Exu é *Laroiê*.

Essas exclamações animam os deuses durante as cerimônias, dando maior vigor e interesse à música e à dança.

4
OS ENCANTADOS PEDEM CACHAÇA

Depois de saudar a *aldeia* dos caboclos, o *encantado* se curva para a frente, com as mãos unidas no baixo-ventre, soltando grunhidos e monossílabos ininteligíveis, para saudar os tocadores de atabaque, ou, sem nenhuma hesitação, diz ao que veio:

> Eu sou caboclo
> que só visto pena
> Eu só vim em terra
>   – jetruá!
> pra beber jurema...

Se não é atendido com a desejada presteza, o *encantado* insiste no seu pedido, cantando *sotaque*, para refrescar a memória dos circundantes:

> Eu vi o cheiro,
> mas não vi a *pinga*,
> meus camarada...

Os *encantados* caboclos bebem cachaça comum, como Martim-Pescador, ou uma escura combinação de cachaça com ervas do mato, chamada *malafa* ou *jurema*, esta última quando preparada com o fruto da jurema.

5
DANÇAS

Cada orixá tem a sua maneira especial de dançar.

Oxalá, nas suas duas formas, dança quebrando o corpo, com ligeira flexão dos joelhos; Xangô, com as mãos para cima, os braços em ângulo reto; Iansã, como que afastando alguma coisa de si; Omolu, velho, com as mãos para o chão, o corpo curvado, cambaleando; Obaluaiê, dando passos rápidos para um lado e para o outro, com o braço em ângulo obtuso apontando para a direita ou para a esquerda, conforme o caso; Ogum, *traçando* espada, com movimentos de esgrimista; Oxoce, com as mãos imitando uma espingarda, apontando para atirar; Oxum, sacudindo a mão direita, como se fosse um leque; Iemanjá, curvada para a frente, encolhendo os braços para si, à altura do baixo-ventre; Nanã, como se estivesse com um menino nos braços; Loco, de joelhos, coberto de palhas da Costa; Oçãe, pulando num pé só, como a Caipora; Obá, com a orelha esquerda coberta pela mão...

6
A ORQUESTRA DOS CANDOMBLÉS

A orquestra dos candomblés se compõe de três instrumentos principais – o atabaque (ilu), o agogô e a cabaça.

Há três espécies de atabaque, o grande (*rum*), o médio (*rumpi*) e o pequeno (*lé*). Os atabaques são considerados essenciais para a invocação dos deuses. Os nagôs e os jejes percutem o *couro* com os *aguidavis*, mas os caboclos o tocam com as mãos, não sendo raro verem-se pessoas de mãos rachadas de tocar atabaque. Nos candomblés de Angola e do Congo, e na maioria dos candomblés de caboclo, o atabaque tem o nome de *engoma* (do quimbundo *angoma*) e o seu tocador o nome de *cambondo,*

    Cambondo que fala engoma...

O agogô é um instrumento de ferro – duas campânulas, superpostas, uma menor do que a outra –, percutido com uma vareta igualmente de ferro. O som desse instrumento se destaca notavelmente sobre os demais. Quando tem apenas uma campânula, chama-se *gã*.

A cabaça é uma cabaça comum coberta com uma rede de malhas feita com sementes chamadas contas de Santa Maria. Durante alguns anos, recentemente, em vista da proibição policial contra os atabaques, a orquestra dos candomblés contava principalmente com essas cabaças, outrora chamadas *piano-de-cuia* ou *agüê*.

O chefe do candomblé acrescenta à orquestra, quando nagô ou jeje, o som do adjá, uma ou duas campânulas compridas que, sacudidas ao ouvido da filha, ajudam a manifestação do orixá, e, quando Angola ou Congo, o som do caxixi, um saquinho de palha trançado cheio de sementes.

Antes de começar a dançar, a filha deve reverenciar a orquestra, com a cabeça em terra. À chegada de um ogã, os tocadores interrompem a sua música e saúdam, com um toque especial, o recém-chegado, que deve, meio ajoelhado, passar a mão no chão e levá-la à testa, tocando depois, com os dedos, os atabaques. Os orixás, manifestados nas filhas, vêm homenagear a orquestra e passar complacentemente a mão pela cabeça dos seus componentes.

Sem atabaque, a festa perde 90 por cento do seu valor, pois esse instrumento é considerado o meio de que se servem os humanos para as suas comunicações e para as suas invocações aos orixás. É ainda, como na África, o seu telégrafo, dando a grata notícia da festa à gente do candomblé por acaso distante. É o elemento de animação das cerimônias. É o único instrumento realmente apropriado para saudar os orixás, quando já *desceram* entre os mortais, ou para invocá-los, quando a sua presença é necessária; para saudar os ogãs; para marcar o ritmo – ora monótono, ora decorativo, ora vertiginoso e aparentemente desordenado – das danças sagradas. E, quando os orixás se negam a comparecer ou quando a sua ausência redunda na falta de interesse da festa, é ainda o atabaque que provê a essas dificuldades tocando o adarrum, que desorienta completamente as filhas e as faz cair, uma após outra, no transe que precede imediatamente a chegada dos orixás:

> Baraúna caiu,
> quanto mais gente...

Em alguns candomblés, há atabaques enormes, por vezes maiores do que um homem de altura mediana. Para percuti-los, o tocador deve subir em uma escada ou se sentar num estrado, com as pernas trançadas em volta do instrumento. São os *gigantes*, naturalmente usados em raras ocasiões.

Com as recentes proibições ao uso dos atabaques, vários candomblés trataram de guardar os seus atabaques em lugar seguro, não só por serem atabaques tradicionais, de muitos anos de uso, que passaram por certas cerimônias mágicas antes de entrar em ação nas festas ("os atabaques *comem* sangue..."), como porque a sua apreensão pela polícia constituiria uma verdadeira mutilação do seu poder de comunicação com os orixás. Isso se refere, especialmente, aos atabaques do Engenho Velho e do Gantois.

A orquestra está sob a direção de um dos ogãs, o alabê, mas a iniciativa dos cânticos pertence à iatebexê, uma das filhas mais velhas encarregada de fazer o solo para o coro das filhas, ou, em certas ocasiões, as personagens importantes dos candomblés, como o babalaô Martiniano do Bonfim, o estivador Filipe Néri (Filipe Xangô de Ouro ou Filipe Mulêxê), já falecidos, ou o negro Bonfim, que, pela sua posição, podem *criar* novos cânticos para os orixás.

7
Ritos de purificação

Os candomblés obedecem a certos ritos de purificação, destinados a preparar a casa para o novo ciclo anual de festas.

Em todos os candomblés se realiza, numa determinada sexta-feira do ano, a festa da água de Oxalá. Essa cerimônia, no Engenho Velho, se realiza na última sexta-feira de agosto e no Opô Afonjá (Aninha) na última sexta-feira de setembro. Às primeiras horas da manhã, ainda com escuro, as filhas, completamente vestidas de branco, vão em procissão à fonte que serve ao candomblé, carregando talhas, potes, moringas, quartinhas e outros vasos de barro, em meio a cânticos e danças, buscar água para renovar a provisão da casa. No barracão, os atabaques roncam, enquanto as filhas, em coluna simples, com a vasilha ao ombro, fazem o caminho entre a casa e a fonte, à luz vacilante da aurora. À noite, nesse mesmo dia, o candomblé está em festa. Outra versão da água de Oxalá é a matança de Oxumarê, realizada por alguns candomblés no Ano-Bom, com a circunstância de que se sacrificam animais para Oxumarê, o arco-íris, e não para Oxalá.

Os *presentes* para a mãe-d'água e o caruru de Cosme e Damião, como *abrem* os caminhos, são de certa maneira cerimônias de purificação de que os candomblés, coletivamente, se podem valer.

Os ogãs usam o copo d'água para *limpar* os seus passos.

As filhas, quando se sentem necessitadas de purificação, fazem bori (*dão de-comer à cabeça*) ou *lavam* as suas contas. Essas cerimônias implicam a idéia de pecado, por ação ou por omissão – o desleixo no culto dos deuses. O bori se realiza no interior do candomblé e tem por objetivo aplacar as iras do orixá, considerado *dono* da cabeça da filha, livrar a pessoa de preocupações e dar-lhe saúde. O chefe do candomblé faz uma mistura de obi, orobô, ori e limo da Costa, que esfrega sobre o crânio da filha, e em seguida faz correr sobre a sua cabeça (e, portanto, sobre o orixá) o sangue dos animais prediletos do deus, sacrificados no momento. O bori se faz sobre uma esteira e a filha deve estar ajoelhada durante a cerimônia. A *lavagem das contas* (que representam o orixá da pessoa), com sabão da Costa e as folhas especiais do deus, é outra cerimônia de purificação muito comum, com o mesmo resultado do bori.

Homens e mulheres podem, anualmente, purificar o corpo e o espírito a 24 de agosto, na misteriosa fonte de São Bartolomeu, nas vizinhanças de Pirajá – uma pancada d'água, escondida na floresta, que cai do alto de uma penedia batida por ligeiro raio de sol, em que por vezes surge a serpente do arco-íris.

8
MALEMBES

Os caboclos fazem o *mea culpa* em meio às cerimônias públicas, cantando os *malembes*, cânticos de misericórdia:

> Eu venho de longe,
> cheguei agora,
> pedindo malembe a Nossa Senhora

Em geral, os malembes são uma chamada dos *encantados*, pedindo-se, a cada qual, que *tenha compaixão* e *venha valer* (socorrer) os mortais.

É uma penitência coletiva.

9
SALVA O GALO

Os candomblés de caboclo têm, como parte do seu ritual, o *salva o galo*, realizado durante as festas, quando, à meia-noite, os galos da vizinhança começam a cantar.

A festa se interrompe para *salvar* o galo:

> O galo cantou,
> lá em Belém...

Outras vezes, sem tantas reminiscências da Bíblia, o galo canta simplesmente na *aldeia* dos caboclos.

10
INGORÔSSI

Os candomblés de Angola e do Congo saúdam conjuntamente os inquices com um cantochão lúgubre, o *ingorôssi*, que se compõe de mais de trinta cantigas diferentes.

As muzenzas se sentam em esteiras, em volta do tata, que, com um caxixi na mão, faz o solo, respondido por um coro de gritos entrecortados por pequenas pancadas na boca.

11
PROVAS DA POSSESSÃO

Para coibir a simulação do transe – mais comum do que parece – os candomblés de Angola e do Congo por vezes realizam provas com as pessoas possuídas pelos inquices.

O tata manda a pessoa comer acará, bocados de algodão embebidos em azeite de dendê e em chamas; comer brasas; tocar fogo a punhados de pólvora depositados na palma das mãos ou meter a mão, durante muito tempo, em azeite de dendê a ferver... Se a pessoa atravessa, indene, essas provas, então não há mais dúvidas sobre a presença do inquice.

Os candomblés de caboclo também usam essas práticas, embora não como provas – como manifestações da força, da importância e dos poderes sobrenaturais dos *encantados*.

12
REPASTOS COMUNAIS

Certos orixás nagôs oferecem banquetes anuais – uma comunhão primitiva, rudimentar – à gente da casa.

Os mais conhecidos desses repastos comunais, muito concorridos e apreciados pelos aderentes do candomblé, são o Pilão de Oxalá (moço), em que predomina o milho branco (ebô), e o olubajé de Omolu-Obaluaiê, em que o elemento principal são as pipocas. O candomblé do Ogunjá (Procópio) encerra as suas festas com a *feijoada* de Ogum, outra comida coletiva.

O caruru de Cosme e Damião, embora somente para crianças, se enquadra nessa categoria.

13
DISTRIBUIÇÃO DOS DIAS DA SEMANA ENTRE OS ORIXÁS

Os dias da semana são distribuídos, de acordo com a tradição nagô, pelos vários orixás, obtendo-se o seguinte quadro:

Segunda-feira – Exu e Omolu.
Terça-feira   – Nanã e Oxumarê.
Quarta-feira   – Xangô e Iansã.

Quinta-feira	– Oxoce e Ogum.
Sexta-feira	– Oxalá.
Sábado	– Iemanjá e Oxum.

Há certa lógica nessa combinação dos orixás. Na terça-feira, temos a chuva e o arco-íris; na quarta, os raios e os ventos – a tempestade; na quinta, a caça e as artes manuais; no sábado, a água do mar e a água doce. A sexta-feira é consagrada a Oxalá por influência do catolicismo, mais exatamente do culto ao Senhor do Bonfim. Na segunda-feira, Exu garante a felicidade dos dias seguintes e Omolu garante a saúde e o bem-estar, purificando a semana.

O domingo dedica-se coletivamente a todos os orixás.

VI

1
O CARÁTER PESSOAL DOS ORIXÁS

O culto dos orixás e o cuidado com a casa estão entregues a sacerdotisas chamadas *filhas-de-santo* (nagô), vodúnsi (jeje), muzenza (Angola e Congo) e cavalos (caboclos).

Os negros imaginam que todas as pessoas têm um espírito protetor – também chamado *anjo-da-guarda*, devido à influência do catolicismo – que deve, necessariamente, ser um dos orixás, em qualquer das suas formas. O protetor se evidencia por fatos à primeira vista sem importância, seja por um sonho, seja por perturbações mentais, seja por dificuldades de vida. Às vezes, também por predileções pessoais. Assim, uma mulher grávida sonhará que Oxum lhe traz uma menina nos braços: a menina a nascer será dedicada a essa iabá. Imaginemos, porém, que não o seja. Então, a menina começará a sofrer moléstias de origem misteriosa, definhará, estará muitas vezes à morte, e assim continuará até que a mãe se convença da necessidade de acatar os desejos de Oxum. De acordo com as histórias que se contam, Iemanjá tem tentado afogar pessoas que se recusam a obedecer-lhe, tendo sido necessário, muitas vezes, fazer grandes sacrifícios para lhe abrandar a cólera. O anjo-da-guarda pode manifestar-se em qualquer época, seja na vida intra-uterina, seja depois, na juventude, na mocidade ou na velhice, mas, depois de manifestado, exige certas satisfações, a que não se pode fugir sem grande risco. Em geral, a manifestação do anjo-da-guarda não deixa dúvidas sobre a individualidade do orixá. E, se as houver, sempre se pode recorrer à mãe-de-santo ou ao eluô, que, por um processo divinatório especial, imediatamente o identifica.

O orixá protetor, embora se chame Ogum, Xangô ou Oxalá, tem sempre caráter pessoal – o Xangô de A diferirá do de B, como o Ogum de C diferirá do de D. São todos manifestações diferentes do mesmo orixá, que se multiplica ao infinito a fim de atender a todos os seus devotos.

O orixá escolhe, entre os mortais, os seus *cavalos*, os intermediários através de quem se comunicará com os homens. Só a morte libera o *cavalo* da submissão ao orixá. Nessas condições, faz-se necessário prepará-lo para receber a presença do deus. Essa é a tarefa dos chefes de candomblé. Ora, como todas as pessoas têm anjo-da-guarda, têm, portanto, um *santo* em potencial. O chefe do candomblé precisa *fazer* ou *assentar* o santo, pôr o devoto em condições de servir de bom veículo ao orixá.

Acontece, porém, que, se toda gente tem anjo-da-guarda, nem todos têm *santo*, isto é, nem em todos se dá a manifestação do orixá. Assim, as pessoas são divididas entre filhas-de-santo (inclusive a mãe e a mãe-pequena) e as demais, com que se distribuem os trabalhos de administração dos candomblés, como ogãs, equedes, etc. Nasce, aqui, o processo chamado *feitura do santo*, sob a alta direção da mãe.

2
A FEITURA DO SANTO

Em primeiro lugar, a mãe *olha* o santo da inicianda – confirma, por adivinhação, o seu orixá protetor, mesmo que este já se tenha manifestado anteriormente, de maneira a não deixar dúvidas sobre a sua identidade.

As pretendentes começam, desde então, a juntar dinheiro para as despesas de iniciação, que totalizam, por vezes, muitos milhares de cruzeiros. Desde o primeiro dia, têm certas obrigações em relação ao orixá – devem homenageá-lo no dia da semana que lhe é consagrado, devem abster-se de relações sexuais nesse dia, devem observar certos tabus alimentares.

Depois de preparadas as suas vestimentas sacerdotais, a pretendente passa algum tempo morando no candomblé. Logo ao chegar, deve tomar um banho de folhas ao ar livre, sob a direção da mãe, e mudar a roupa profana por outra totalmente nova – uma cerimônia de purificação. Em seguida, passa pelo atim, folhas para limpar o corpo, de acordo com o seu orixá, e por um período de treinamento, aprendendo a cantar para os orixás, a reconhecer os toques dos atabaques, como o alujá de Xangô e o opanijé de Omolu – na verdade um curso de extensão, pois as pretendentes em geral já sabem essas coisas, por serem nascidas e criadas dentro do candomblé. Depois, num determinado dia, o alabê toca para o santo da pretendente, sete, quatorze ou vinte e uma cantigas, até que o orixá se manifeste – uma nova confirmação da identidade do orixá. Se, depois das vinte e uma cantigas, o orixá não chega, faz-se um bori com água fria e recomeça-se a cerimônia. É raro, entretanto, que o orixá não chegue na primeira série de sete cantigas.

Então, as pretendentes entram para a *camarinha*, já com o nome de iaôs, e são submetidas à depilação, que em alguns candomblés é total, atingindo os pêlos das axilas e do púbis. Depois disso terão a cabeça friccionada com a água dos axés e pintada de azul ou branco e o rosto pintado com laivos escuros à altura das têmporas, em substituição aos cortes que se faziam na pele, na África.

No interior da *camarinha*, as iniciandas devem passar dezessete dias, completando a sua educação religiosa, em absoluto retiro espiritual. Não aparecem em público, nem podem sair, sob pretexto algum, do candomblé; observam proibições a certos alimentos e a relações sexuais; não podem falar com pessoas estranhas e, para se comunicarem com as pessoas da casa, batem palmas (paó) e se valem da mímica, usando o mínimo possível de palavras. (As pessoas do candomblé, não incumbidas de lhes *fazer* o santo, pedem *karokê* três vezes, antes de lhes dirigir a palavra.) As pretendentes dormem todas na *camarinha*, em geral sobre as mesmas esteiras. É comum trazerem um torso de pano à cabeça, para ocultar a falta dos cabelos. É obrigatório trazerem, como sinal de sujeição, uma tornozeleira de guizos (*xaorô*). O conjunto das iaôs chama-se *barco*.

Durante o período de iniciação, as iaôs devem tomar banho, de madrugada, na fonte ou no riacho mais próximo, com a assistência, apenas, da mãe e das suas auxiliares imediatas (*ariaxé* em nagô, *maionga* nos candomblés de Angola, do Congo e caboclo).

Afinal, a mãe escolhe a data para o *oruncó* – o dia em que os orixás devem *dar o nome* –, uma das cerimônias mais apreciadas do candomblé. O santo de cada filha tem caráter pessoal e, portanto, deve ter um nome especial que o identifique. No dia do *oruncó*, realiza-se uma festa pública, em meio à qual cada iaô, dançando por sua vez, possuída pelo seu respectivo orixá, grita, entre os aplausos gerais, o nome por que deve ser conhecido o Ogum, o Xangô ou o Oxoce que a possui.

Depois da festa, pela madrugada, a roupa suja da iaô é conduzida para a fonte – mais uma cerimônia de purificação.

Em seguida ao *oruncó*, as iniciandas começam a gozar de relativa liberdade, podendo mesmo sair de casa, mas em bando, entre outras coisas para *tomar a bênção* a pessoas do seu próprio candomblé ou dos candomblés vizinhos, com o que conseguem, por vezes, belas somas em dinheiro.

3
A *COMPRA* E A *QUITANDA* DAS IAÔS

No domingo subseqüente ao *oruncó*, têm lugar as cerimônias da *compra* e da *quitanda* das iaôs ou *panãs*.

A *compra* se assemelha a um leilão. Alinhadas as iaôs, a mãe fala das excelências de cada, propondo um preço para a sua aquisição e explicando que a *compra* vale como a compra de uma escrava, pois a iaô fica na obrigação de obedecer ao *comprador* por toda a vida. (Em geral, o *comprador* já está escolhido de antemão.) Os *compradores* avançam nos lances. Aceito pela mãe o lance fictício, a assistência aplaude e o *comprador* e a iaô fazem uma volta na sala, ao som festivo dos atabaques. O mesmo se realiza com as demais iaôs.

Acabada a cerimônia da *compra*, tem lugar a *quitanda* das iaôs. No chão da sala, alinham-se panelas de mungunzá e de vatapá, latas de aluá, pratos de acarajé, abará, pipocas, amendoim, acaçá, cocada, queijadas, feijão de azeite, cestos de roletes de cana, gamelas de fubá, caxixis, bananas, laranjas, pinhas (frutas-de-conde), pedaços de coco, etc. Uma pequena feira livre. Sentadas em pequenos bancos, as iaôs, ainda de cabeça raspada, são as vendedoras. Os presentes vão comprando as gulodices ali expostas, que nesse dia custam mais caro do que nunca. O barulho é infernal: as iaôs estão, quase sempre, possuídas por *erês* e uma delas, mesmo, deve vir fazer pilhérias, antes da *quitanda*, com os assistentes. Outras vezes, frutas, doces, etc., ficam sob a guarda de uma única iaô, possuída por um *erê* e armada de longo cipó, com que espanca os circunstantes, que, a pretexto de comprar as coisas, devem roubá-las. É uma cerimônia divertida e alegre.

4
O QUELÊ, SÍMBOLO DA SUJEIÇÃO

Na sexta-feira seguinte, as iaôs, incorporadas, vão em romaria à igreja do Bonfim, em companhia da mãe-pequena, e ocasionalmente da mãe, e daí voltam para casa.

Estão *feitas.*

Três meses depois, entretanto, os tabus continuam em vigor, pois, no pescoço das iaôs, permanece o quelê, também chamado *gravata do orixá* – outro sinal de sujeição –, que a mãe tira e coloca aos pés dos seus respectivos santos, dando-lhes então a liberdade.

5
IAÔS E EBÔMINS

As filhas se dividem por categorias que levam em conta apenas o tempo de iniciação. Assim, desde que começa o processo de *fazer* o santo, a filha tem o nome de iaô (*yawô*), que em nagô significa *esposa*, mas, entre os candomblés da Bahia, tem o sentido de *noviça*. Como iaô, a filha deve obediência a todas as filhas mais velhas da casa (sempre em relação ao tempo de iniciação) exceto às suas companheiras de *barco* ou àquelas que se iniciarem depois, a quem, aliás, tratará de *irmãs*. Sete anos depois de iniciada (*feita*), a filha passa a *ebômim*. Só então, ao menos nos candomblés que ainda conservam a antiga tradição africana, pode ocupar todos os cargos importantes do candomblé, desde o de auxiliar imediata da mãe (*mãe-pequena*) até o de chefe do candomblé (*mãe*). É costume, ao atingir a posição de *ebômim*, que a filha pague uma festa pública comemorativa desse acontecimento, com o sacrifício de bichos de pena e de animais quadrúpedes. As demais filhas do candomblé começam a tratá-la pelo seu título, tomando-lhe respeitosamente a bênção.

Em geral, para chegar a uma posição relevante no candomblé, a antiguidade da iniciação é um requisito essencial. Para alcançar o posto de mãe-pequena, deverá a filha ser a mais velha da casa, depois da mãe. Embora, logicamente, devesse ser esse o caso também com a mãe, a amizade e a confiança do chefe falecido do candomblé podem ter grande importância na escolha da mãe, resultando daí que nem sempre é a filha mais velha a que dirige a casa. Esse fato tem a sua explicação na qualidade pessoal da obrigação (*carrego*) do chefe, que este se sente com o direito de legar, juntamente com os bens móveis e imóveis do candomblé, à pessoa da sua mais imediata confiança.

6
Posição da filha dentro do candomblé

A filha, em relação à gente da casa, está em posição nitidamente inferior. Teoricamente, todos os membros do candomblé lhe são superiores, podem lhe dar ordens e têm direito à sua mais estrita obediência. Praticamente, porém, a filha está em contato direto e diário apenas com a mãe, a mãe-pequena e, talvez, com algumas filhas mais antigas da casa. Nos dias de festa, a filha deve render homenagem aos tocadores de atabaque e ao seu alabê, aos ogãs, às equedes, ao axogum, ao peji-gã, aos velhos e velhas da casa e aos assistentes importantes da cerimônia, de outros candomblés, porventura presentes.

É a filha quem se incumbe de todos os serviços domésticos – cozinhar, lavar, engomar, varrer, sacudir a poeira, enfeitar o barracão; quem deve tratar dos orixás, não apenas do seu orixá particular, mas do peji do candomblé; quem deve mudar a água das quartinhas dos santos nos seus respectivos assentos; quem deve enfeitar esses assentos com rendilhados de papel de seda, velas, flores, de acordo com a festa a celebrar; quem vela pela boa ordem da cerimônia, embora esse trabalho pertença, teoricamente, aos ogãs. É a filha, ainda, a responsável direta pelo bom nome do candomblé, pois que é da sua maneira de dançar, da exatidão dos rituais, da beleza do canto, da disciplina que se note na festa, da obediência que preste às regras estabelecidas, que se infere a excelência, ou não, do candomblé.

As filhas são o espelho que reflete o bom ensinamento que se dá no candomblé.

7
Condição social e econômica das filhas

Com as quarenta filhas do Engenho Velho presentes à festa de Oxoce, a 16 de junho de 1938, tentei um inquérito acerca da sua condição social e econômica. Naturalmente, os resultados obtidos não são completos, entre outras coisas porque o número de filhas do Engenho Velho é muitas vezes maior. O inquérito foi realizado, também, apenas na parte da tarde, antes da festa, pois, durante a cerimônia, seria impossível conseguir a sua atenção. Os números obtidos são ilustrativos e oferecem margem para conclusões seguras.

Quanto às profissões por elas exercidas, as filhas se dividiam da seguinte maneira:

>   Modistas............................ 6
>   Vendedoras ambulantes........ 16
>   Domésticas......................... 18
>   ——
>   40

Profissões humildes, como se vê. As domésticas incluíam, no seu número, senhoras casadas ou amasiadas, que se ocupavam pessoalmente dos serviços caseiros, e empregadas pagas, para copa, cozinha, lavar e engomar, ao ínfimo preço que então se pagava na Bahia – de Cr$ 20,00 a Cr$ 30,00 por mês, se bem que com casa e comida. As vendedoras ambulantes eram as mulheres de tabuleiro à cabeça, que vendem acarajé, mungunzá, bananas, etc., nas esquinas da cidade, e as poucas que se estabeleceram com barracas nos mercados públicos e aí vendiam *fato*, as vísceras do boi. Não se deve tomar a profissão de modista como economicamente importante. Essas filhas, às vezes muito hábeis, tinham a sua freguesia entre a gente pobre e só raramente cosiam vestidos de seda; não trabalhavam em *ateliers*, mas em casa, e de encomenda. Dificilmente alcançavam uma renda mensal de Cr$ 100,00.

A idade das filhas oscilava entre 20 e 70 anos, como se vê no quadro abaixo:

```
De mais de 20 anos .............. 16
            30 ..................... 8
            40 ..................... 9
            50 ..................... 5
            60 ..................... 1
            70 ..................... 1
                                    ──
                                    40
```

Algumas filhas, especialmente das de mais de 30 anos, não sabiam a sua idade exata, calculando-a, aproximadamente, por certas referências de memória.

Vejamos como se distribuíam as profissões entre as mais moças, as de 20 anos, que eram o futuro do candomblé do Engenho Velho:

```
            Modistas............................. 5
            Vendedoras ambulantes......... 2
            Domésticas.......................... 9
                                               ──
                                               16
```

Assim, a gente nova detinha a quase totalidade das modistas (6), a metade das domésticas (18) e a minoria das vendedoras ambulantes (16), por isso mesmo fadando ao desaparecimento essas figuras típicas da cidade.

A média das idades era de 36,6.

Tentei, ainda, um estudo aproximado das possibilidades econômicas das filhas. Havendo necessidade de reforma geral no Engenho Velho, perguntei-lhes quanto cada qual poderia dar, mensalmente, fora das suas obrigações como filhas, para as obras urgentes de que o candomblé necessitava. Obtive as seguintes respostas:

```
            26 podiam dar Cr$   5,00
             7            Cr$   2,00
             3            Cr$   3,00
             2            Cr$   1,00
             1 podia dar  Cr$  10,00
```

Dessa maneira, o candomblé poderia contar, por mês, com uma renda igual a Cr$ 165,00. Em média, cada filha teria de entrar com Cr$ 4,125 para os cofres comuns.

Uma das filhas, vendedora ambulante, com 45 anos, nada podia dar, por não estar trabalhando, mas foi também uma vendedora ambulante, esta de 54 anos, quem prometeu dar Cr$ 10,00 por mês.

Vejamos, agora, como se distribuía, por profissão, o número das que podiam dar Cr$ 5,00:

> Modistas............................ 5
> Vendedoras ambulantes......... 10
> Domésticas.......................... 11

Todas as quarenta, sem exceção, habitavam em ruas e bairros pobres.

8
Filhas de Aninha, de Maria Neném e de Flaviana

Certas mães têm enorme *filharada*, no seu candomblé ou já dirigindo outros candomblés. Tal era o caso de Aninha e de Maria Neném. O mais notório, entretanto, era o da velha Flaviana Bianchi – talvez a mãe de mais numerosa *prole* da Bahia. Isso corre ou por conta da importância do candomblé, como no caso de Pulquéria, do Gantois, ou por conta da bondade e da simpatia pessoal da mãe, como no caso de Aninha, de Maria Neném e de Flaviana.

VII

1
OS CHEFES DOS CANDOMBLÉS

Ao assumir a chefia do candomblé, a filha passa a mãe e, como os candomblés são igrejas independentes entre si, em si mesma resume, inquestionavelmente, toda a autoridade espiritual e moral.

O título de *mãe* vem do fato de o chefe do candomblé aceitar iniciandas (*filhas*, no futuro) para criar na devoção aos deuses. Depois de efetivamente admitidas na comunidade, essas iniciandas se consideram filhas espirituais do chefe do candomblé – e nesse sentido é que se emprega a palavra *mãe*. Desde que toda gente, dentro ou fora do candomblé, tem um espírito protetor, que deve habitar o seu corpo, e desde que o chefe do candomblé precisa preparar a inicianda para receber, em si mesma, a visita mais ou menos freqüente da divindade – um processo que exige tempo, convivência diária, prática de um conjunto de cerimônias secretas no interior do candomblé, com a orquestra especial de tambores e de instrumentos musicais africanos –, *fazer o santo* vale por uma segunda educação, que confere ao chefe da seita a ascendência de *mãe* em relação à filha.

A exigência antiga de sete anos, pelo menos, de iniciação, para poder tomar sobre os ombros a tarefa de dirigir um candomblé, já hoje decaiu de importância nos candomblés não nagôs. Com efeito,

Zé Pequeno, Germina, Idalice, outros pais e mães nunca passaram pelo processo de *fazer o santo*: "Ninguém lhes pôs a mão na cabeça." Para esses casos se criou uma tapeação – os interessados afirmam que os seus respectivos orixás foram *feitos em pé*, ou seja, eram tão evidentes e tão poderosos que dispensaram a intervenção de terceiros. Daí o vasto número de pais e mães improvisados, que tanto têm comprometido a pureza e a sinceridade dos candomblés.

Os chefes são chamados de diversas maneiras, na Bahia. Nos candomblés nagôs usam-se por vezes as expressões iorubás *ialorixá* e *babalorixá*, que significam, exatamente, mãe e pai-de-santo. Nos candomblés jejes, os chefes se chamam *vodunô*, em ambos os casos. Nos candomblés de Angola e do Congo, *tata de inquice* (pai) e *mameto de inquice* (mãe). Nos candomblés de caboclo, *padrinho* e *madrinha*, *zelador* e *zeladora*. Os termos genéricos, entretanto, são mesmo *mãe-de-santo* e *pai-de-santo*.

Dentro do candomblé, as expressões *mãe* e *pai* não são muito queridas. "Santo não tem pai nem mãe..." Essa frase, que ouvi muitas vezes na Bahia, parece indicar, como se vê, que os negros se inclinam a tomar a expressão *mãe-de-santo* como uma afronta à divindade. Para isso deve ter concorrido, em grande parte, o espanto e a incompreensão dos elementos estranhos ao candomblé, ante o aparente absurdo do título. Nos candomblés nagôs, porém, o tratamento familiar continua:

– Eu falei com *minha mãe*...

2
Pais e mães*

Dos sessenta e sete candomblés matriculados na União, trinta e sete eram dirigidos por pais e trinta por mães.

---

* Ver nota de Raul Lody no final do livro.

Parece, porém, que nem sempre houve pais e mães e que, antigamente, o candomblé era, nitidamente, um ofício de mulher. Indicam-no, entre outras coisas, a necessidade de cozinhar as comidas sagradas, de velar pelos altares, de enfeitar a casa por ocasião das festas, de superintender a educação religiosa de mulheres e de crianças – serviços essencialmente domésticos, dentro de quatro paredes. Outro indício está na marcada preponderância da mulher na história dos candomblés.

Entre as mães nagôs, figuram em primeiro plano Adetá (ou Iá Detá), Iá Kalá e Iá Nassô, fundadoras do Engenho Velho; Pulquéria, que emprestou brilho extraordinário ao candomblé do Gantois; Maria Júlia Figueiredo, chefe do Engenho Velho, e em tempos mais recentes Aninha, filha do Engenho Velho e chefe do Opô Afonjá. Os negros recordam, ainda, o esplendor dos candomblés dirigidos por Sussu, do Engenho Velho, Alaxèssu, Maria do Calabetão, Flaviana e Maria Neném, que *fez* ou, pelo menos, dirigia espiritualmente vários chefes de candomblés de Angola e do Congo. Contra tantos nomes de mulheres, sabe-se apenas da existência de alguns pais nagôs todo-poderosos do passado, como Bambuxê, Ti'Joaquim e um ou outro mais. A importância da mulher foi decisiva na formação dos atuais candomblés de caboclo, pois foram mulheres, Naninha e Silvana, que os introduziram.

Somente nos candomblés do Congo se verifica uma exceção. Não só foi um homem, Gregório Maqüende, quem lhes emprestou todo o prestígio de que atualmente gozam, como, recentemente, outro homem, Bernardino, continuava a fazê-los florescer.

Ainda agora, os nomes de mulheres são mais importantes do que os dos homens, na chefia dos candomblés. A quase centenária Maria Bada merecia o respeito universal dos negros da Bahia. Tia Massi, do Engenho Velho, Menininha, do Gantois, a velha Dionísia, do Alaqueto, e Emiliana, do Bogum, são nomes conhecidos e acatados.

Entre os homens podem ser citados Bernardino do Bate-Folha, Procópio, do Ogunjá, falecidos, e um ou outro mais, que talvez se possam igualar em prestígio social como chefes de seita.

3
A CONCORRÊNCIA MASCULINA

Essa concorrência – quase sempre desleal – dos pais muito tem prejudicado o candomblé em geral.

As mães dos candomblés nagôs e jejes são, em geral, mulheres velhas, respeitáveis, que cumpriram todas as suas obrigações como filhas durante várias dezenas de anos. A velha Flaviana, ao morrer, estava perto dos 90; Aninha, aos 70 anos, tinha apenas cerca de vinte anos como mãe. Menininha, mãe do Gantois, quando na casa dos 50, e embora respeitada universalmente na Bahia, era considerada pelos velhos dos candomblés "muito moça" para o cargo. Nascidas e criadas no ambiente do candomblé, conhecendo profundamente todos os seus segredos, as mães nagôs e jejes possuem uma consciência de si mesmas que já se tornou um dado primário da observação.

A grande maioria dos pais não pertence aos candomblés nagôs e jejes, com exceções como Eduardo Mangabeira, do Ijexá, Procópio, do Ogunjá, Manuel Falefá, do Poço Betá, e Manuel Menez. Os pais são em geral de Angola e do Congo e mais comumente caboclos.

Em contraste com essa força interior que emana naturalmente das mães nagôs e jejes, os pais de Angola, do Congo ou caboclos são quase todos improvisados, *feitos* por si mesmos, "aprendendo uma cantiga aqui e outra ali", como dizem os chefes nagôs e jejes. Vários desses pais jamais sofreram o processo de *feitura* do santo. São pais sem treino, espontâneos, distantes da orgânica tradição africana – os *clandestinos* do desprezo nagô.

Embora numericamente superiores às mães, os pais não podem escapar ao fascínio que sobre eles exerce o tipo ideal da mãe e procuram assimilar-se esse tipo, tomando atitudes femininas, caindo no bate-boca típico das chamadas *mulheres de saia*.

São esses pais que mais têm concorrido para a desmoralização dos candomblés, entregando-se à prática do curandeirismo e da feitiçaria – por dinheiro. Os casos de curandeirismo e de feitiçaria nos candomblés nagôs e jejes são raros, mas, quando ocorrem, se limitam a práticas mágicas inócuas, no máximo um chá de plantas medicinais ou um despacho (ebó) para Exu, na encruzilhada mais próxima. Essa oferenda a Exu, outrora muito comum, não se faz mais nos candomblés nagôs e jejes, que homenageiam o mensageiro celeste em cerimônia intramuros. Entretanto, conhecem-se casos de pais que se enriqueceram nessas atividades, pais que não têm – como no caso das mães nagôs e jejes – a desculpa da sinceridade da crença na sua eficácia. Daí que se encontrem, vez por outra, nesta ou naquela encruzilhada, nesta ou naquela estrada pouco transitada, caveiras de bode ou cabeças de galinha em azeite de dendê, bonecas picadas de alfinetes, moedas de cobre e tiras de pano vermelho com o fim de fazer mal a determinada pessoa; daí que se encontrem, nos ambulatórios e clínicas, pessoas doentes das *garrafadas* de algum pai ou derreadas das surras colossais que foram forçadas a tomar, com cansanção brabo, para esta ou aquela moléstia. São a obra dos *clandestinos*.

A crítica popular se refere mais venenosamente aos pais do que às mães, considerando-os insinceros, malfazejos, desonestos:

> Foi à casa de um pai-de-santo,
> pra tratar de um quebranto
> e de uma separação,
> com três filhinhos, abandonada,
> do marido desprezada
> sem razão.
>
> Mandou abrir uma mesa
> pra saber por que seria
> que o marido foi-se embora
> e se ainda voltaria.
> O pai-de-santo aproveitou-se
> desta bela ocasião:
> pediu oitenta mil-réis
> para o trabalho do chão.

Pediu para o trabalho
vinho branco e mel de abelhas
e um galo arrepiado
desses das penas vermelhas,
três garrafas de azeite,
um cabrito e um peru
e uma roupa do marido
para o *despacho* de Exu.

Pediu mais um alguidar,
três moedas de dez réis.
– Pra seu marido voltar,
decá cinco contos de réis...
– E a pobre mulherzinha
caiu neste rio seco.
No outro dia, o pai-de-santo
tratou de quebrar-no-beco.

Obs.: "Quebrar-no-beco" significa desaparecer, fugir.

Essa cantiga se vendeu, há tempos, a tostão, nas feiras livres da Bahia, e tem a sua justificativa na irresponsabilidade de certos elementos bem conhecidos do público.

4
SAUDAÇÕES DEVIDAS À MÃE

Para saudar a mãe, a filha deve rojar-se no chão até beijar-lhe a mão negligentemente estendida, fazendo o icá ou o dobale, se o seu orixá for masculino ou feminino. Só depois dessa reverência a filha poderá beijar a mão da mãe, talvez abraçá-la.

Os ogãs e os homens em geral – exceto os raros filhos-de-santo – usam entre si um aperto de mão convencional, cujo primeiro e terceiro tempos são o aperto de mão comum, com um segundo tempo em que se aperta, entre os cinco dedos, o polegar do interlocutor. Diante da mãe, os homens do candomblé podem usar esse aperto de mão, acompanhado de um abraço, ou simplesmente beijar-lhe a mão.

5
O EXERCÍCIO DA AUTORIDADE

Em geral, a autoridade do chefe se exerce automaticamente, sem necessidade de recurso a medidas extremas, salvo casos especiais, de franca indisciplina.

Nada se faz, no candomblé, sem a licença expressa do chefe. A sua vontade é lei, que só ele mesmo poderá revogar ou modificar. Todo o peso da sua autoridade recai sobre as mulheres, invadindo mesmo o terreno particular, privado, mas, com os homens – ogãs, alabê, outros funcionários do candomblé –, não fala de cima para baixo, mas com amabilidade, e estes o tratam respeitosamente. Apesar de não ser um conjunto de regras morais, mas somente poder espiritual, o candomblé confere ao seu chefe o direito de proibir a filha, em determinadas ocasiões, de sair, de amar, de conseguir um emprego, de morar em certos lugares, de se submeter a esta ou àquela operação, dando-lhe concomitantemente o direito de compeli-la, se necessário, a obedecer, por meio de multas, obrigações suplementares ou castigos corporais.

Posto que a função essencial do candomblé se limita ao culto dos orixás, todos os atos se medem pelo bem ou pelo mal que possam fazer à sua existência ou à autoridade e ao prestígio do chefe. Nenhum dos preconceitos correntes na sociedade brasileira encontra eco nesse mundo à parte. O candomblé protege indistintamente toda gente que acredita nos seus mistérios e tem ligações com a casa. Toda a questão reside, pura e exclusivamente, na tolerância pessoal do chefe.

Entretanto, nos candomblés não nagôs ou jejes, a autoridade do chefe quase sempre reveste uma forma tirânica, que corresponde à maior frouxidão da hierarquia e da disciplina: a autoridade deve ser mantida a todo custo. Isso impõe modificações essenciais na psicologia dos chefes. Por exemplo, Bernardino, pai de um candomblé do Congo, precisava manter a cara enfarruscada todo o tempo, enquanto Joãozinho da Goméa, pai de um candomblé de Angola, precisava recorrer à ameaça de castigos corporais. Em geral, nesses candomblés todos mandam – o pai é apenas a última instância. Há menor nitidez nas linhas de hierarquia. E, dessa confusão de autoridade, decorre a confusão dos sexos, nas festas e em outras ocasiões.

VIII

1
DIVISÃO DO PODER ESPIRITUAL NOS CANDOMBLÉS

Os candomblés são comunidades fechadas, no sentido de que não obedecem a nenhum governo comum, nem a regras comuns. A autoridade espiritual e moral emana direta e exclusivamente do pai ou da mãe, que só reconhece, acima da sua própria autoridade, a dos orixás. Essa autoridade – absoluta em toda a força do termo –, o chefe a divide com as demais pessoas do candomblé, em linhas muito nítidas de hierarquia, que beneficiam especialmente os velhos e as mulheres.

A mãe escolhe, entre as filhas, as suas auxiliares na administração do candomblé – uma série de iás (mães), que se encarregam de certos serviços parciais, mas de importância. Uma dessas auxiliares é a iamorô, adjunta da mãe, que a acompanha em todos os serviços religiosos; duas outras são a dagã e a sidagã, a primeira mais velha do que a segunda, encarregadas do *padê* de Exu; outra ainda é a iabassê, que cozinha para os orixás; e, finalmente, a iatebexê, que tem a iniciativa dos cânticos nas festas. É claro que, se essas auxiliares falharem nas suas obrigações, o candomblé perderá com isso. Se a iamorô não auxiliar convenientemente a mãe no desempenho das cerimônias sagradas, se a dagã e a sidagã não realizarem a contento o despacho de Exu, se a iabassê não cozinhar os alimentos como deve e se a iatebexê não escolher bem as cantigas para os orixás, então todo o esforço será em vão.

Quanto ao poder espiritual, tomemos por paradigma um candomblé nagô, que nos oferece o seguinte quadro:

mãe-de-santo	
mulheres	*homens*
ialaxé	peji-gã
mãe-pequena	
(iaquequerê)	axogum
	ogãs
	alabê
	tocadores de atabaque
filha-de-santo	filho-de-santo
1) ebômim	
2) iaô	
equede	
abiãs	

O peji-gã (dono do altar) e a ialaxé (zeladora do axé) são personagens importantíssimos, mas sem funções reais, pessoais, dentro do candomblé. Os seus títulos são uma distinção especial, mas os deveres resultantes dos seus cargos são delegados a filhas da sua imediata confiança. Teoricamente responsáveis, perante a mãe, pelo altar e pelos axés, o peji-gã e a ialaxé dão idéias e sugerem modificações para mantê-los à altura das tradições da casa. Só ocasionalmente, se mora no candomblé, os axés são cuidados pessoalmente pela ialaxé. Uma ou duas filhas se incumbem do cuidado com o altar e os axés, seja por delegação direta do peji-gã e da ialaxé, seja a mandado da mãe, em nome destes. Entretanto, a importância desses cargos é sem par.

2
A MÃE-PEQUENA

Substituta imediata da mãe, sua sucessora eventual, a mãe-pequena (*iá-quequerê*, em nagô exatamente mãe-pequena) lhe está imediatamente abaixo na escala da hierarquia, como administradora civil e religiosa do candomblé. Salvo casos especiais (e muito raros), de profunda amizade ou de parentesco próximo, a mãe-pequena é sempre a filha mais velha em relação à *feitura* do santo, por isso mesmo mais autorizada a substituí-la. Lugar-tenente da mãe, a mãe-pequena está em contato mais direto com as filhas, especialmente nas cerimônias religiosas, e com as iniciandas, pois a mãe apenas fiscaliza, aconselha e dirige nessas ocasiões, enquanto a mãe-pequena, executante, acompanha atentamente a marcha das cerimônias. Também a mãe-pequena é chamada de *mãe* pelas filhas, que lhe tomam a bênção e lhe fazem a mesma reverência devida à mãe.

Apesar de toda a sua autoridade, a mãe-pequena não se atreve a desobedecer à mãe ou às suas ordens e é claro que a sua posição decorre, entre outras coisas, da sua habilidade no interpretar, acertadamente, as ordens do chefe.

3
O AXOGUM, SACRIFICADOR DE ANIMAIS

O axogum, o sacrificador de animais, só eventualmente exerce as suas funções, na *matança* preliminar às grandes cerimônias religiosas, diante do peji e em companhia da mãe, da mãe-pequena e de uma ou outra filha mais velha. Se o axogum não sacrificar os animais como deve, o sangue coalha – e os orixás não agradecem o sacrifício. Em teoria, portanto, só o axogum tem o direito de sacrificar os animais – galo, bode, carneiro, pombo, etc. – cujo sangue deve regar a pedra-fetiche dos orixás; mas, no seu impedimento, a mãe pode fazê-lo, pois realmente inclui, na sua autoridade, a autoridade de todos os membros da comunidade.

O axogum e o peji-gã são escolhidos entre os ogãs da casa e são, em geral, os mais constantes no auxiliar o candomblé ou os mais dedicados aos orixás.

4
Os ogãs

Os ogãs são protetores do candomblé, com a função especial, e exterior à religião, de lhe emprestar prestígio e lhe fornecer dinheiro para as cerimônias sagradas.

Certo dia, a mãe decide *levantar* ogã do seu candomblé um cavalheiro que conquistou as simpatias gerais da gente da casa, seja pela sua liberalidade, seja pela sua atração pessoal, seja pela posição que desfruta. Em meio a uma cerimônia pública, a filha A, possuída por Xangô, por exemplo, toma pela mão o indicado e o leva até diante do altar de Xangô, onde interroga o orixá, em língua africana, sobre a conveniência de tomá-lo como seu ogã. Volta depois com ele para o barracão e, enquanto os atabaques se fazem ouvir, festivamente, outros ogãs da casa o carregam e o passeiam carregado em volta da sala, sob os aplausos da assistência. Outras vezes o orixá escolhe o ogã entregando-lhe as suas insígnias – no nosso caso, o machado de Xangô.

Está *levantado* o ogã, que desde então será chamado por esse título e tratado como tal. Precisa, porém, *confirmar* a sua indicação. Se tiver sido *levantado* ogã de Xangô, como no nosso exemplo, deverá passar dezessete dias dentro dos muros do candomblé, abstendo-se totalmente de relações sexuais, sem licença de sair. O futuro ogã deve, nesse intervalo, submeter-se a um processo que varia muito de candomblé para candomblé, mas inclui vastos sacrifícios de animais, banhos de folhas, invocações. Depois desses dezessete dias de retiro, terá de passar algum tempo ainda dormindo obrigatoriamente no candomblé, embora possa passar o dia a tratar dos seus afazeres no exterior. Naturalmente, desde então já não precisa obedecer a certos tabus, como, por exemplo, o das relações sexuais. Terminada a sua iniciação como ogã, resta-lhe, entretanto, dar uma festa – paga do seu próprio bolso – para o orixá que protege. Para isso, deve comprar uma cadeira nova, de braços, de onde assistirá à festa, que realmente redunda em homenagem à sua pessoa. A mãe, paramentada em grande gala, o toma pelo braço, depois de beijar-lhe a mão e abraçá-lo, e com ele passeia pelo barracão, sob o ruído ensurdecedor das palmas e dos gritos especiais para o seu orixá. As filhas cobrem de flores o novo ogã e, uma por uma, lhe vêm pedir a bênção, depois de a mãe o haver deixado no seu trono, onde o ogã recebe, sorridente, todo de branco, a homenagem dos assistentes. Com pequenas variantes, especialmente quanto ao tempo de reclusão e aos animais a sacrificar, esse é o processo de *confirmação* dos ogãs na Bahia.

Os ogãs são tratados de *meu pai* pelas filhas, que lhes tomam a bênção quando os encontram. São uma espécie de Conselho Consultivo do candomblé. Em qualquer dificuldade, a mãe recorre às suas luzes, à sua capacidade de trabalho ou ao seu dinheiro, seja para auxiliar na manutenção da ordem nas festas públicas, seja para resolver pequenos casos de rebeldia e de indisciplina, seja para tratar com a polícia, seja para financiar este ou aquele conserto na casa. São o braço direito da mãe, em todas as questões não diretamente ligadas à religião.

Também entre os ogãs – embora não haja distinções especiais – se leva em conta a antiguidade da *confirmação*, de nada valendo qualquer decisão dos ogãs, se estes não conseguirem a aprovação ou a condescendência do mais velho de todos.

Entre os ogãs a mãe escolhe o alabê, encarregado da orquestra de tambores e instrumentos musicais africanos.

5
Filhas e filhos

Somente depois de todos esses personagens vêm, teoricamente, na escala da hierarquia, a filha e – nos candomblés onde existe – o filho. O candomblé é a casa das filhas – são elas que o sustentam, economica e religiosamente. Cada filha deve, com o seu dinheiro, pagar as ricas vestimentas do seu respectivo orixá e as comidas sagradas que se lhe devem depositar aos pés, nos dias que lhe são consagrados. A beleza exterior do candomblé está nas mãos das filhas, que devem apresentar-se bem vestidas, ornamentar a sala, limpar a casa, atender aos convidados, dançar e cantar a contento, manter o respeito nas cerimônias públicas, às vezes cozinhar os restos das comidas sagradas para distribuição entre os assistentes. São o presente e o futuro do candomblé: no presente, servem como elemento de ligação entre o candomblé, considerado como um todo, e o mundo exterior; no futuro, serão chamadas à sua direção – uma delas certamente será chamada à sua direção suprema – para continuar, no tempo e no espaço, a tradição em que foram criadas.

Pelo menos em teoria, o filho tem as mesmas regalias da filha, mas, na realidade, a sua posição é muito inferior. Os candomblés mais antigos da Bahia não *fazem* santo de homem, e, se porventura algum homem *cai no santo*, ele não tem licença para dançar. Esses filhos apresentam, em maioria esmagadora, inequívocas tendências para a feminização. É difícil que não sejam *cavalos* de Iansã, orixá que geralmente se manifesta em mulheres inquietas, de grande vida sexual, que se entregam a todos os homens que encontram, que se fazem notadas onde quer que surjam; mas ainda é mais difícil que, se não for Iansã, o orixá que neles *desce* não seja outra iabá – mais comumente Iemanjá, especialmente para os filhos mais gordos, mais tardos de movimentos, menos agressivos. Engomam o cabelo, pintam as unhas, empoam o rosto, estão sempre cercados de mulheres, a conversar com volubilidade tipicamente feminina. Todos esses característicos os tornam alvo da hostilidade dos homens e do desprezo das mulheres da comunidade. E, se tentam exercer a sua pretensa autoridade, começam um bate-boca infindável.

6
AS EQUEDES

Abaixo das filhas, há ainda a equede. Esta fez voto de servidão a este ou àquele orixá. Embora este orixá – digamos, Oxum – seja o *seu* espírito protetor, falta-lhe capacidade para lhe servir de instrumento, como acontece com as filhas. Não podendo receber em si mesma a sua oxum, a equede se submete a uma série de funções subalternas, seja em relação à oxum de uma determinada filha, seja em relação a todas as oxuns do candomblé. O seu trabalho consiste no cuidado das vestimentas e dos adornos com que se apresentam, nas festas, quando possuídos pelos orixás, as filhas. É um voluntariado, uma árdua tarefa. Cabe-lhe acompanhar todos os passos da sua oxum, durante as festas, tendo ao braço uma toalha branca com que enxuga o suor do seu cavalo, toda a atenção concentrada em não a deixar cair, nem se cansar demais, nem destruir a harmonia da sua paramenta. Deve mudar a água das quartinhas dos orixás, enfeitar o seu assento ao ar livre com brinquedos de criança, velas e flores, concorrer com dinheiro (ou trabalho) para as festas em sua honra.

No Engenho Velho, a equede também se submete a uma cerimônia de *confirmação*, semelhante à cerimônia correspondente para os ogãs.

7
AS ABIÃS, FORÇA DE RESERVA

Em último lugar, ficam as abiãs. Estas não pertencem ainda, realmente, ao candomblé. Estão num estágio anterior à iniciação, tendo concorrido somente a ritos parciais. São um grupo à parte, ora sob a direção imediata da mãe, ora – e mais comumente – sob o controle da mãe-pequena ou de uma filha mais velha especialmente designada pela mãe. São uma reserva de efetivos, de potencial humano para os candomblés de amanhã.

8
UM OFÍCIO DE MULHER

Esse esquema de hierarquia revela, sem sombra de dúvida, que as mulheres detêm todas as funções permanentes do candomblé, enquanto os homens se reservam apenas as temporárias e as honorárias.

Com efeito, a chefia espiritual e temporal da casa de culto está entregue a uma mulher (a mãe), que escolhe para sua assistente imediata, seu braço direito, outra mulher (a mãe-pequena), para dirigir a massa de mulheres (as filhas) que deve contribuir para o melhor entendimento entre os homens e os orixás. O cuidado desses orixás está a cargo de mulheres (as filhas), que por sua vez recrutam, para auxiliá-las, outras mulheres (as equedes). Nessas atividades se cifra todo o objetivo do candomblé – o de homenagear os orixás, preparar cavalos para recebê-los, conseguir que *desçam* entre os humanos para lhes tornarem a vida mais suave e mais rica em prazeres materiais e espirituais. Outras mulheres, ainda, se encarregam de funções administrativas dentro da comunidade.

Ocasionalmente, são requisitados os serviços masculinos, ora para o sacrifício de animais (axogum), ora para a invocação dos orixás nas grandes festas (alabê e tocadores de atabaque), ora para conseguir dinheiro e prestígio social (ogãs), ora, afinal, para garantir a manutenção do altar (peji-gã). Os homens detêm, assim, as funções simplesmente honorárias (peji-gãs e ogãs) e temporárias (axogum, alabê e tocadores de atabaque).

Fica fora de discussão o posto de filho-de-santo, que é realmente considerado uma excrescência – há mesmo quem diga imoralidade – dentro do sistema por si mesmo tão coerente do candomblé.

Essa divisão da hierarquia parece confirmar a opinião de que o candomblé é um ofício de mulher – essencialmente doméstico, familiar, intramuros, distante das lutas em que se debatem os homens, à caça do pão de cada dia.

9
SENIORITY

Deve-se ressaltar a importância dos velhos – não exatamente das pessoas de idade, mas das que *fizeram* o seu santo há mais tempo ou há mais tempo aderiram ao candomblé.

Como se vê por essa exposição, a iniciando passa a iaô e, sete anos mais tarde, alcança o título de ebômim, que lhe confere o direito de atingir, eventualmente, qualquer posto no candomblé. Entretanto, a filha deve ainda galgar – pelo menos nos candomblés mais antigos – toda uma escala de postos para enfim chegar a mãe-pequena (iaquequerê), quando pode agir quase independentemente, devendo obediência apenas à mãe. Entre mãe-pequena e mãe, pode haver um abismo. Não é impossível que outra filha, de posição inferior, mas que desfrute da afeição e da confiança da mãe, a preceda no direito de sucessão. Embora essa não seja a regra, esse caso não seria o primeiro nem o único a se registrar. É mais fácil, porém, que a mãe-pequena – mais qualificada do que as demais para a direção suprema do candomblé – substitua, quando da sua morte, a mãe, embora não seja difícil que se diga, à boca pequena, que o passamento da mãe foi apressado pela sua substituta imediata, de olho grosso nas vantagens compreendidas na posição.

Também entre os homens, como vimos, a antiguidade da iniciação (*seniority*) tem significação, pelo menos na escolha do axogum e do pejí-gã, sem falar na importância excepcional atribuída ao *mais velho* dos ogãs.

IX

1
Os babalaôs*

Antigamente, fora do candomblé, havia o babalaô, o adivinho – um sacerdote dedicado ao culto do deus da adivinhação, Ifá (nagô) ou Fá (jeje), representado pelo fruto do dendezeiro.

As mães sempre buscavam o conselho dos babalaôs, para confirmar o orixá protetor desta ou daquela inicianda, às vésperas de festas públicas ou em seguida a calamidades que porventura desabassem sobre a casa. Aos babalaôs cabia *olhar* o futuro, marcar uma regra de conduta para as comunidades religiosas – a única que poderia, sem atrair a cólera dos deuses, contornar as dificuldades que se apresentassem. Os babalaôs eram, assim, um elemento de importância excepcional. Eram guias espirituais, uma última instância, a derradeira palavra em qualquer assunto difícil, que exigisse não só conhecimentos especiais, mas um contato mais íntimo com as potências ocultas da natureza.

O trabalho mais importante e mais difícil do candomblé é o da *vista*, pois, entre outras coisas, pode trazer enormes inquietações e desgraças indizíveis. Se o *olhador* se engana sobre o orixá de uma

---
* Ver nota de Raul Lody no final do livro.

pessoa e, fiada na sua palavra, a mãe se dá à tarefa de preparar essa pessoa para recebê-lo, é quase certo que isso redunde numa série de complicações, tanto para a iniciada como para a mãe, o candomblé em questão e, por extensão, toda a comunidade dos candomblés. Muitos outros *castigos* da mesma espécie podem se abater, impiedosamente, sobre os responsáveis diretos e indiretos pelo sacrilégio.

Os babalaôs eram considerados *irmãos* das mães e, portanto, *tios* das filhas, que lhes deviam as mesmas reverências tributadas à mãe.

Eram uma poderosa força de reserva, mobilizável em caso de necessidade.

2
Martiniano do Bonfim e Felisberto Sowzer

Nos últimos anos, havia apenas dois babalaôs na Bahia – Martiniano do Bonfim e Felisberto Sowzer (Benzinho) –, ambos filhos de africanos de Lagos (Nigéria) e concorrentes entre si.

Martiniano do Bonfim foi a figura masculina mais impressionante das religiões do negro brasileiro. Filho de escravos, estudou em Lagos, esteve na Inglaterra, conhecia algumas cidades do país e falava inglês fluentemente. Podia passar horas inteiras a conversar em nagô, que conhecia não *de ouvido*, mas por tê-lo aprendido nas escolas dos missionários na Nigéria. Conheceu a maioria dos grandes nomes das seitas africanas, podia cantar e dançar como ninguém e merecia o respeito e a confiança universais dos negros da Bahia. Pedreiro e pintor de profissão, abandonou a colher e a broxa para ensinar inglês aos negros remediados da cidade. Morreu com mais de 80 anos (1943) e fez mais de vinte filhos em diversas mulheres. Era um negro inteligente, instruído, educado. Não fazia das suas habilidades como babalaô um comércio, nem muito menos um meio de fazer mal ao próximo. Era fundamentalmente honesto em assuntos religiosos, sendo fácil notar que acreditava realmente na força de tudo o que fazia e nos poderes mágicos do que recomendava que se fizesse. Não acumulava, à sua função de babalaô, a de *medicine-man*, limitando-se quando muito a aconselhar o sacrifício de um pombo ou outra prática mágica igualmente inofensiva. Era recebido com homenagens especiais nos candomblés, que se sentiam honrados com a sua presença.

Felisberto Sowzer (Benzinho) era inteligente e instruído e, como Martiniano, podia falar tão bem inglês quanto nagô. Mais moço, menos respeitado e menos conhecido do que o seu rival, gozava entretanto de vida mais folgada, tendo conseguido ficar a cavaleiro das necessidades da existência com o seu trabalho como babalaô. Menos tratável, tocando mesmo à agressividade no seu ardor religioso, chegava a ser temido pela massa dos negros. Benzinho constituía um concorrente temível para o velho Martiniano, por ser mais moço, menos escrupuloso e, principalmente, mais ousado.

Esses foram os últimos babalaôs.

Os novos sacerdotes de Ifá se situam numa categoria interior – os eluôs – e em geral são elementos de dentro dos candomblés.

3
Olhar com o Ifá

Ifá, não tendo culto organizado na Bahia, se identificou com o instrumento de que se serviam os babalaôs e se servem os eluôs para as suas consultas ao orixá – o opelé-ifá, o rosário-de-ifá, feito de búzios da Costa, de forma especial, uns diferentes dos outros, que agora se chama simplesmente o *Ifá*.

Atirado ao acaso sobre o chão, depois de uma série de rezas mágicas, o ledor do futuro decifrava, pela posição em que porventura caíssem os búzios do rosário, o destino que esperava o consulente. O rosário pode ser substituído, sem desvantagem, pelos búzios que o compõem – e essa é mesmo a regra, atualmente. O sacerdote de

Ifá se valia ainda de outros materiais, como o obi, o orobô, a pimenta da Costa (atarê).

Além desse processo, o mais comum, o sacerdote pode servir-se de uma pequena esteira, de cerca de 10 centímetros, chamada *esteira de Ifá*, que, colocada no chão, responde, sem nenhum auxílio exterior, às suas perguntas. Movendo-se para um lado, diz que sim; movendo-se para o outro, diz que não...

O sacerdote se chama *olhador*, por *olhar* o futuro, e daí vem a expressão *olhar com o Ifá*.

4
A CONCORRÊNCIA DOS CHEFES DE CANDOMBLÉ*

A existência desse sacerdócio está em sério perigo, ameaçada pela concorrência cada vez maior dos pais e das mães, que entretanto não possuem o treino especial requerido para o trato com Ifá.

Os chefes dos candomblés acendem uma vela sobre a mesa (taramesso), ao lado de um copo com água, e atiram os seus búzios para determinar o orixá que possui a iniciada, para prevenir doenças, para resolver disputas conjugais, etc. Há muitos pais e mães enriquecidos com essas consultas. É do taramesso, manejado por mãos desonestas, que sai o feitiço, a *coisa feita*, o *bozó*; que saem os envenenamentos por via de *garrafadas* fornecidas aos consulentes; que surgem os casos de surras, de mortificações, de crimes contra a natureza. Antigamente, porém, o pagamento recebido por esses serviços não chegaria para enriquecer ninguém. A acreditar na velha Izabel, que costumava *botar mesa* na casa de Justina, na Quinta das Beatas, era regra, há mais de meio século, pagar-se apenas 370 réis, sobre os quais se dormia, na véspera. Os tempos mudaram, a vida encareceu. E já é comum que se fale em *trabalhos* de contos de réis.

---
* Ver nota de Raul Lody no final do livro.

A mãe ou o pai cobra apenas cinco cruzeiros por consulta a Ifá, mas o remédio indicado para caso particular sempre se eleva a alguns milhares de cruzeiros, que em geral chegam às suas mãos, desta ou daquela maneira, para que a dificuldade seja removida.

Desta sorte, o mundo do candomblé se restringe ainda mais, dentro das suas próprias fronteiras, pela supressão dos serviços do babalaô e do eluô, enquanto os pais e as mães aumentam o seu poderio espiritual e econômico, pela solução de problemas individuais e pelo pagamento recebido em troca das consultas a Ifá.

5
Os eluôs de hoje

Os eluôs mais conhecidos e mais respeitados, atualmente, são Cosme, Antônio Bonfim e Otacílio. Emília de Oxum satisfaz uma grande clientela, na sua roça de Brotas. E a negra Cecília, da Estrada da Liberdade, tem uma sólida reputação como ledora do futuro.

NOTAS À MARGEM

Cap. I, § 2

– A subalimentação – geral entre as classes pobres da Bahia – é certamente responsável pela alta cifra de tuberculose verificada entre os homens de cor. Um estudo do dr. César de Araújo, "Sobre a incidência da tuberculose no preto da Bahia" (in *Revista de Tisiologia da Bahia*, julho-agosto de 1939), estabelece em 25,84% e 52,09% a contribuição, respectivamente, do negro e do homem de cor nos óbitos gerais de tuberculose verificados na capital da Bahia, no decênio 1929-38.

– O costume de conduzir pesos à cabeça – hoje generalizado entre as negras da Bahia, especialmente quanto a latas d'água e trouxas de roupa – será talvez de origem banto. Seligman, descrevendo os bantos do sul, diz: "São, em regra, bem construídos, musculosos e fortes, de porte e andadura graciosa, notável especialmente nas mulheres acostumadas a conduzir pesos à cabeça" (*Races of Africa*, p. 188).

Cap. II, § 1

– Sobre as línguas faladas na Bahia, vejam-se Nina Rodrigues, *Os africanos no Brasil*, pp. 217-21; Manuel Bernardino da Paixão, "Ligeira explicação sobre a nação Congo" (in *O negro no Brasil*, pp. 349-56), e Edison Carneiro, *Religiões negras*, pp. 131-88 (sobre o nagô). (No artigo de Bernardino, o trecho sobre *dar-de-comer à cabeça* é copiado servilmente de Manuel Querino.)

Cap. II, § 4

– A polícia baiana realizou (1940) uma diligência contra o candomblé dos eguns, na Amoreira (Itaparica), prendendo o casal de velhinhos que o dirigia, Eduardo Daniel de Paula (Alibá), já com 96 anos, surdo e reumático, e Margarida da Conceição. Entre o material então apreendido contavam-se objetos que "datam de muito antes da libertação dos escravos, tendo vindo talvez da África", segundo declarou à reportagem o velho Alibá (*A Tarde*, Bahia, 21 de junho de 1940).

Cap. IV, § 1

– Sobre os vários nomes do deus supremo, e sobre as suas relações com os orixás, veja-se Ladipô Sôlankê, "A concepção de Deus entre os negros iorubás", traduzido por Martiniano do Bonfim (in *O negro no Brasil*, pp. 239-43).

Cap. IV, § 2

– Em artigo de 1937 sugeri que Xangô seria "o patrono dos intelectuais" se para cá tivessem vindo, e criado tradição, elementos da classe sacerdotal do povo nagô. No seu livro *Le fétichisme en Afrique Noire* (Paris, 1951), Christine Garnier e o administrador de colônias Jean Fralon atribuem tal qualidade a Xangô (Xeviosô), de referência ao Togo e aos Camarões, regiões vizinhas às terras dos nagôs e dos jejes.

– Ogum é "o patrono das artes manuais", como escrevi em 1948 – o Vulcano dos negros –, mais do que deus da guerra. É, aliás, o que indicam as suas insígnias, a sua *ferramenta*. Os ferreiros, na África, põem pedaços de ferro e um crânio de cão – símbolos de Ogum – dependurados das suas cabanas. E, como Vulcano, Ogum comunicou aos homens segredos que o fizeram, ao mesmo tempo, o deus da caça e da guerra.

O casal Herskovits escreve, de referência ao Daomé, que este poderoso orixá (*Gu*) não tem forma humana: "O seu tronco era de pedra, e dele projetava-se uma lâmina de metal..." Incumbido de tornar habitável a terra, "foi Gu quem deu os instrumentos com que o homem pôde construir abrigos, lavrar a terra, abater árvores para prover-se de lenha, fazer barcos e utensílios, e triunfar sobre o inimigo... Como parte dessa obrigação de ensinar ao homem o uso de instrumentos, revelou o conhecimento da metalurgia do ferro – e até hoje está ocupado nisso. Eis por que os seus altares sempre se encontram ao ar livre, pois, se tivessem telhado, arderiam..." E, finalmente, "Gu é a força que ajudou o homem a adaptar-se ao mundo".

Essa altiva figura de artesão, de gênio benfazejo, que mostrou como podemos multiplicar a nossa força física, passou a ser encarado aqui apenas sob o seu aspecto mais secundário, militar, belicoso, o "Ministro da Guerra" dos candomblés da Bahia, e não em toda a sua estatura, presidindo a luta do homem por dominar a natureza. As macumbas cariocas o promoveram a general:

> Ogum é capitão,
> capitão e agora generá
> Jurou bandera
> no campo de Humaitá

Marte, e não Vulcano – uma transformação essencial que se operou quase insensivelmente, por falta de sacerdotes capazes de compreender e de transmitir aos fiéis a verdadeira e fundamental importância de Ogum.

Cap. IV, § 5

– A minha interpretação de Exu corresponde à do casal Herskovits para Legba, no Daomé: "Antes de se dar comida a qualquer deus, Legba recebe a sua parte, pois, se ele, porta-voz e intermediário entre os homens e os deuses, e entre os deuses, não quiser entregar a mensagem, a divindade a quem se destina o sacrifício não saberá quem o fez, nem por que o fez... Essa interpretação daomeana não difere da da Nigéria, onde essa divindade é chamada Exu ou Elegbará. Daí acharmos falaz atribuir-se a Legba o caráter do diabo da nossa teologia, especialmente porque a idéia do Bem Absoluto e do Mal Absoluto é completamente estranha ao africano." Para o daomeano, "Legba, embora malicioso, não é malévolo". – Melville J. Herskovits e Frances S. Herskovits, An Outline of Dahomean Religious Belief, memória n? 41 da American Anthropological Association (1933).

Geoffrey Parrinder (La religion en Afrique Occidentale, Paris, 1950) e Garnier-Fralon confirmam essa interpretação de Herskovits.

– Roger Bastide (Estudos afro-brasileiros, 3ª série, pp. 87-8) identifica a filha-de-santo de Exu como d. Sofia, que pessoalmente conheceu. Era uma provação: "Tínhamo-la em grande estima por causa dos sofrimentos por que passara – seu Exu torturava-a terrivelmente..." Era Exu Mavambo (Mulambinho) o Exu particular de d. Sofia.

Cap. V, § 6

– "O tambor tem..., independentemente do seu efeito psicológico, bem conhecido dos indígenas, uma ação mística própria. Exerce influência sobre as disposições dos seres invisíveis como sobre as dos humanos. É, assim, o acompanhamento obrigatório de todas as cerimônias em que o grupo se encontra em contato com as forças sobrenaturais invisíveis e se esforça por inclíná-las em seu favor. Do ponto de vista místico, é um elemento indispensável do material mágico-propiciatório" (Lévy-Bruhl, Morceaux Choisis, p. 182).

Cap. VII, § 2

– Naninha tinha um candomblé no Moinho do Gantois, Silvana dirigia o candomblé do Viva Deus, em Peri-Peri, onde um grande letreiro fazia a propaganda das suas curas maravilhosas: "Entra chorando e sai sorrindo." Conta-se que políticos da Bahia incumbiram

Silvana de fazer um *trabalho* para eliminar Ruy Barbosa, dando-lhe doze contos. Silvana ter-se-ia dirigido ao seu orixá, explicando-lhe que, tendo empenhado a palavra, não poderia recuar, ao que o *encantado* respondera com o anúncio da sua própria morte, em seguida à do conselheiro. Mulher de palavra, Silvana teria cumprido o prometido: "Matou Ruy Barbosa, mas *viajou* também..."

– João da Silva Campos ("Ligeiras notas sobre a vida íntima, costumes e religião dos africanos na Bahia") dá uma lista, que considera incompleta, de feiticeiros célebres, ou seja, pais-de-santo, compreendendo três gerações, "de 1875 para cá": *a*) Arabonã, Turíbio, João Alabá, Ti Ojô, Bambuxê, Tito Lacerda, africanos, Salocó, mulato, e Antônio Oxumarê (Cobra Encantada), crioulo; *b*) Roberto Jepuledê, Rufino Aganga (Congo), Guilherme Angola (Loanda), Donato Jeje, João Goxê, Américo Almidê, Manuel Temiu e Longuinho de Degungo; *c*) Tio Rondão, à rua do Asilo, e Manuel Xangô, mulato, à ladeira de Nanã. No ano de 1875 a polícia deportara para a Costa o africano Antão Teixeira, por preparar feitiço contra um figurão importante da cidade. Esses nomes estão apagados – à exceção do de Bambuxê – na memória dos candomblés da Bahia. Da lista não constam mulheres, naturalmente entregues às funções de mãe, embora Silva Campos escreva, pouco antes da lista: "Em 1875, contavam-se às dezenas os crioulos e africanos de *ambos os sexos*, feiticeiros de nomeada..." (*Anais* do Arquivo Público da Bahia, vol. XXIX, Bahia, 1946, pp. 289-309).

Cap. VII, § 3

– Sobre o homossexualismo dos pais, veja-se Ruth Landes, "A Cult Matriarchate and Male Homosexuality" (in *Journal of Abnormal and Social Psychology*, julho de 1940).

Cap. VII, § 5

– O candomblé não é um conjunto de regras morais. Seligman diz, para todo o continente africano: "... a religião [...] não é, com efeito, um código moral imposto e controlado do exterior [...] mas [...] uma explicação dos fatos da existência e um comentário sobre a ação controladora da vida, e as crenças e práticas que incorpora são simplesmente parte da contextura da existência cotidiana" (*Races of Africa*, p. 11).

Cap. IX, § 2

– A estampa XI, com a legenda *tipo de ijexá*, do livro de Manuel Querino, *Costumes africanos no Brasil*, é o retrato da negra Piedade, mãe de Martiniano do Bonfim, que ainda conheceu a escravidão.

UMBANDA

Ainda ao tempo das reportagens de João do Rio, os cultos de origem africana do Rio de Janeiro chamavam-se, coletivamente, *candomblés*, como na Bahia, reconhecendo-se, contudo, duas seções principais – os *orixás* e os *alufás*, ou seja, os cultos nagôs e os cultos muçulmanos (*malês*) trazidos pelos escravos. Mais tarde, o termo genérico passou a ser *macumba*, substituído, recentemente, por *Umbanda*.

Meio século após a publicação de As religiões no Rio, estão inteiramente perdidas as tradições malês, e em geral os cultos, abertos a todas as influências, se dividem em *terreiros* (cultos nagôs) e *tendas* (cultos nagôs tocados pelo espiritismo).

O catolicismo, o espiritismo e o ocultismo tentaram ganhar para si os cultos populares, e, em conseqüência, há inúmeros folhetos, muito lidos, que veiculam as mais diversas explicações para os fenômenos da Umbanda, relacionando-os ora aos aborígenes brasileiros, ora à magia do Oriente, ora aos druidas de Kardec. Mais ou menos aceitas essas explicações, se não pela massa de crentes, os *filhos de fé*, ao menos pelos responsáveis pelas casas de culto, alguns elementos formais, ainda não suficientemente sedimentados, estão penetrando na teogonia e na liturgia: o arcanjo Miguel comanda todos os personagens celestes, de acordo com a posição que se imagina que desfrute no catolicismo, como chefe dos anjos; a esses personagens o espiritismo atribuiu fluidos de cores diferentes, num verdadeiro desperdício de imaginação, enquanto ao ocultismo se deve, certamente, a tentativa de sistematização deles em grupos sucessivos de sete... A pressão exercida sobre a Umbanda por esses novos modos de conceber o mundo não conseguiu, porém, comprometer gravemente um núcleo original de crenças e de práticas que tem preservado a sua integridade.

As divindades da Umbanda – que os folhetos dividem em sete linhas, sete legiões e sete ou doze falanges, estas ainda divisíveis em falanges menores – podem ser repartidas objetivamente em três grupos fundamentais, tendo à sua volta, flutuantes e instáveis, outros seres ainda não muito bem caracterizados:

1) Os orixás nagôs, conhecidos em todos os cultos de origem africana no Brasil, são o cerne da Umbanda.

2) Fusão de concepções particulares angolenses e conguesas com a concepção ideal do aborígene brasileiro, vulgarizada pela revolução da Independência, os caboclos formam um grupo de grande homogeneidade entre os personagens venerados em *terreiros* e *tendas*.

3) Os velhos escravos sabidos nas coisas da África encontram o seu lugar na Umbanda entre os *cacarucai*, os "pretos velhos" componentes da chamada Linha das Almas, que, como diz um dos folhetos (Byron Tôrres de Freitas e Tancredo da Silva Pinto, *Doutrina e ritual de Umbanda*, 1951), "não cumpriram toda a sua missão na Terra". Maria Conga, Pai Joaquim e o Velho Lourenço são os mais conhecidos entre eles. Talvez sejam a contribuição particular dos "cambindas" (cabindas) de João do Rio ao *flos sanctorum* popular.

Esses três grupos – dos quais os dois últimos se constituíram neste século – são o coração da Umbanda. Estão ainda em processo de aceitação anjos e santos católicos, "povos", personagens mitológicos e fantásticos e figuras de todo tipo, que "vieram de Aruanda" e conhecem "a lei de Umbanda", que muito provavelmente se unirão aos integrantes de outros grupos, com quem porventura se venham a parecer, ou – já que o período de expansão das concepções da Umbanda parece estar encerrado – se apagarão da memória coletiva.

Afora essa multiplicação de divindades, o modelo nagô dos cultos de origem africana permanece vivo nos *terreiros* cariocas. O chefe de culto, *ganga, tata, babalaxé, babalaô*, conforme o rito a que obedece, tem para ajudá-lo a *mãe-pequena* (*jabonã*), que o substitui, e o sacrificador de animais (*axogum*). Os iniciados (*cambonos*) e as iniciadas (*sambas*) – nas *tendas*, respectivamente *médiuns* e *médias* – dançam em roda (*gira*) diante do altar (*gongá*) e, com o transe místico, recebem as *entidades*, os *encantados* e os *guias* celestes. Entre os *cambonos* distinguem-se o *cambono de ebó*, que deve saber todas as artimanhas e todas as encruzilhadas de Exu, e o *cambono colofé*, acólito geral das cerimônias públicas e privadas. As mulheres que não têm o privilégio do transe são servidoras das divindades (*cotas*), enquanto os homens na mesma situação são *ogãs* – *colofé*, de *estado* (ou seja, do altar), de atabaque e de *terreiro*, este último hierarquicamente superior aos demais. O processo de iniciação não tem a mesma duração nem a mesma complexidade de que se reveste em outros lugares, mas exige a permanência do iniciando no *terreiro*, as lavagens de cabeça (*bori*) e de contas e boa quantidade dos frutos africanos obi e orobô, a aprendizagem de cânticos rituais (*pontos*) e de maneiras de propiciar o favor das divindades ou de acalmar a sua ira. As cerimônias fúnebres obedecem ao padrão do *axexê*. Sem grande diferença do que acontece em outros pontos do país, a distribuição dos dias da semana entre as divindades contempla exclusivamente os orixás nagôs. A identificação destes com os santos católicos se faz como em toda parte, mas Ogum tem símile em São Jorge e a Oxoce festeja-se como São Sebastião, padroeiro da cidade. Em substância, o *despacho* de Exu, com que começam as cerimônias públicas, continua a fazer-se como o faziam os nagôs... Assim, apesar de complicado, às vezes, por práticas estranhas, espíritas e ocultistas, o modelo tradicional dos cultos de origem africana resiste.

Sob outros aspectos, porém, a Umbanda foge ao modelo.

O espiritismo ofereceu, com o copo d'água, em que se refletem os fluidos, uma alternativa que, dada a sua simplicidade, pôs em perigo os búzios divinatórios dos nagôs. Lêem-se páginas de Allan Kardec nas *tendas*, estabelece-se comunicação com os mortos, os *guias* e os *irmãos do espaço* se dispõem a fazer *caridade*, os *perturbados* são alijados por meio de *passes* e *concentrações*. O contato com o ocultismo, em grande voga ainda por volta de 1930, comunicou à Umbanda os defumadores, os banhos de descarga, os "trabalhos" para os mais diversos fins (por exemplo, para "desamarrar" a sorte), reviveu signos e encantações, exorcismos e flagelações, e complicou as oferendas a Exu, seja mandando abrir as garrafas de cachaça e as caixas de fósforos, seja discriminando quais os *despachos* a depositar em encruzilhadas machas (em cruz) e em encruzilhadas fêmeas (em T), com exclusão daquelas em que passem trilhos de bonde, porque "a influência do ferro ou aço neutraliza o efeito" (Oliveira Magno, *Práticas de Umbanda*, 1951).

Fora dessas contribuições estranhas, a Umbanda apresenta algumas dessemelhanças próprias em relação aos outros cultos. A importância que nela tem Exu parece uma reminiscência, ainda que vaga, das danças representativas do ato sexual que se executavam, em sua homenagem, na África, mas que não chegaram ao Brasil ou, pelo menos, não foram registradas aqui. Não somente há uma grande variedade de Exus, alguns de existência apenas no Rio de Janeiro, Exu Lalu, Exu Tranca-Rua e Exu Caveira, um deles "sem rabo", e por isso podendo sentar-se, Exu das Almas, como qualquer pessoa pode servir-lhes de *cavalo*, uma prática desconhecida em outros pontos. À meia-noite, nas festas públicas, canta-se para Exu – e normalmente todos os presentes são possuídos, os homens pelo mensageiro dos orixás, as mulheres pela sua companheira Pomba-Gira. Em vez de vestimentas especiais para cada *encantado*, os caboclos exclusive, os participantes das festas costumam uniformizar-se – blusa de cetim brilhante, geralmente branca, saias ou calças de cor. Os cânticos rituais (*pontos*) são reforçados por sinais pintados no chão com *pemba*, giz (*pembe*, em Angola), de modo que se podem distinguir os *pontos cantados* ou *curimbas* (*cuimba*, segundo Cannecatim) e os *pontos riscados*. E, há alguns anos, sem justificativa conhecida nas tradições populares, *tendas* e *terreiros* realizam cerimônias propiciatórias do Ano-Novo, publicamente, nas praias cariocas e fluminenses.

Com o Exu Caveira, que preside cerimônias sem paralelo no cemitério de Irajá, e os *pontos riscados*, a Umbanda, curiosamente, se aproxima dos cultos negros do Haiti.

Segundo Heli Chatelain (*Folk-tales of Angola*, 1894), a palavra *Umbanda* tem diversas acepções correlatas na África: "(1) A faculdade, ciência, arte, profissão, negócio a) de curar com medicina natural (remédios) ou sobrenatural (encantos); b) de adivinhar o desconhecido pela consulta à sombra dos mortos ou dos gênios e demônios, espíritos que não são humanos nem divinos; c) de induzir esses espíritos humanos e não humanos a influenciar os homens e a natureza para o bem ou para o mal. (2) As forças em operação na cura, na adivinhação e no influenciar espíritos. (3) Os objetos (encantos) que, supõe-se, estabelecem e determinam a conexão entre os espíritos e o mundo físico." Englobadamente, como vimos, esta tríplice definição calha bem à Umbanda carioca.

O vocábulo *macumba* está sendo progressivamente rejeitado. Não obstante *Umbanda*, como diz Chatelain, derivar-se de *Ki-mbanda*, por meio do prefixo *u*, no Rio de Janeiro Umbanda seria a magia branca e Quimbanda a magia negra – e a esta última ligar-se-ia a macumba. Outros vêem impropriedade no termo, que designaria não os cultos, mas um instrumento musical, descrito (Lourenço Braga, *Umbanda e quimbanda*, 1951) como "vara de ipê ou de bambu, cheia de dentes, com laços de fita em uma das pontas, na qual um indivíduo, com duas varinhas finas e resistentes, faz o atrito sobre os dentes, tendo uma das pontas da vara encostada na barriga e outra encostada na parede". Confirmando a existência desse estranho instrumento, há um *ponto* de Calunga das Matas:

> Ô Caçanje, cadê Calunga?
> Tá lá nas matas
> tocando macumba

Por se localizar na antiga Capital da República, a Umbanda sofreu o impacto das mais variadas e poderosas influências, favoráveis e desfavoráveis. Perseguida, e muitas vezes expulsa do Rio de Janeiro, não teve outro recurso senão colocar-se à sombra do catolicismo popular, do espiritismo e do ocultismo para escapar à destruição. Tudo indica, porém, que essa fase de provação passou – e que o tipo de culto que representa, em vez de sucumbir, sobreviveu, não se anulando ante os aliados eventuais e os inimigos de outrora, mas talhando, rigorosamente à sua maneira, crenças e práticas, divindades e cerimônias. Com a instalação da democracia no Brasil, a Umbanda está refazendo as suas forças ao longo do caminho que leva a Aruanda.

(MEC, set.-dez. 1960, pp. 18-22).

MEMENTO NOMINUM

A
ADETÁ (provavelmente Iá Detá), uma das fundadoras do candomblé do Engenho Velho. (†)
ALAXÈSSU, famosa mãe-de-santo do passado. (†)
ALIBÁ, Eduardo Daniel de Paula, chefe da casa dos eguns, na Amoreira (Itaparica).
ANINHA, Eugênia Ana Santos, mãe do Opô Afonjá, em São Gonçalo do Retiro. (†)

B
BAMBUXÊ, pai de grande renome do passado. (†)
BENZINHO, Felisberto Sowzer, babalaô. (†)
Manuel BERNARDINO da Paixão, pai do candomblé do Bate-Folha (Congo). (†)

C
Manuel CIRIÁCO de Jesus, pai do candomblé do Tumba Junçara, outrora localizado no Beiru, depois no Engenho Velho de Cima. Tem candomblé em Vilar dos Teles, no Estado do Rio de Janeiro.

D
DIONÍSIA Francisca Régis, mãe do candomblé do Alaqueto, no Matatu Grande. (†)

E

EDUARDO MANGABEIRA, pai do candomblé do Ijexá, no X.P.T.O. (Avenida Oceânica).

EMILIANA Piedade dos Reis, mãe do candomblé jeje do Bogum. (†)

F

FILIPE NÉRI *Conceição* (Filipe Xangô de Ouro ou Filipe Mulexê), estivador, conhecido solista de cânticos africanos, muito respeitado e querido nos candomblés, e animador do Rancho do Robalo, nas festas dos Reis. (†)

FLAVIANA Bianchi, mãe da Vila Flaviana, no Engenho Velho de Cima. (†)

G

GERMINA do Espírito Santo, mãe do candomblé do Filho das Águas, no Forno (Calçada).

GREGÓRIO MAQÜENDE, famoso pai-de-santo do Congo. (†)

I

IÁ KALÁ, uma das fundadoras do Engenho Velho. (†)

IÁ NASSÔ, fundadora e provavelmente primeira dirigente do candomblé do Engenho Velho. (†)

IDALICE Santos, mãe do candomblé de São Jerônimo (Angola), na Goméa.

J

JOÃOZINHO DA GOMÉA ou JOÃO DA PEDRA PRETA, João Torres Filho, pai do candomblé da Goméa. Teve candomblé muito concorrido em Caxias, Estado do Rio de Janeiro. (†)

M

MANUEL FALEFÁ (ou simplesmente FALEFÁ), Manuel Vitorino Costa, pai do candomblé jeje do Poço Betá, na Formiga, 118.

MANUEL Guilherme MENEZES (Manuel Menez), pai do candomblé jeje, em São Caetano, 425.

MARCELINA, mãe do Engenho Velho. (†)

MARIA DO CALABETÃO, Maria de Sant'Ana Coqueijo, mãe do candomblé do Cambāranguanje Gentileiro de Jacurucaia, no Lobato. (†)

MARIA EUGÊNIA de Jesus, mãe da Vila Flaviana, no Engenho Velho de Cima.
MARIA JÚLIA Conceição, dissidente do Engenho Velho, fundadora do candomblé do Gantois. (†)
MARIA JÚLIA Figueiredo, mãe do Engenho Velho. (†)
MARIA NENÉM, famosa mãe da nação Angola. (†)
MARTINIANO Eliseu do BONFIM, babalaô, presidente da União das Seitas Afro-Brasileiras da Bahia. (†)
MENININHA, Escolástica Maria de Nazaré, mãe do candomblé do Gantois, no Alto do Candomblé.
MIÚDA, mãe do candomblé na Areia da Cruz do Cosme.

N
NANINHA, mãe de candomblé no Moinho do Gantois, uma das iniciadoras dos candomblés de caboclo. (†)
NEVE BRANCA, Manuel Natividade, pai de candomblé em Brotas.

O
OTÁVIO Ferreira Souza, pai do candomblé do Odé Taiocê, na Ilha Amarela (Plataforma).

P
Manuel PAIM, ex-pai do candomblé Estrela de Jerusalém, no Alto do Abacaxi (Paim abriu mão das suas *obrigações*, para dedicar-se ao comércio de ervas, na Travessa das Flores, e é investigador da polícia).
PROCÓPIO Xavier de Souza, pai do candomblé do Ogunjá, no Matatu Grande, dono de uma quitanda no Gravatá, 23. (†)
PULQUÉRIA, mãe do candomblé do Gantois, famosa na Bahia. (†)

S
SABINA, mãe do candomblé de caboclo nas Quintas da Barra.
SENHORA, Maria Bibiana do Espírito Santo, mãe do Opô Afonjá, em São Gonçalo do Retiro.
SILVANA, mãe do candomblé do Viva Deus, em Peri-Peri, uma das iniciadoras dos candomblés de caboclo. (†)

SUSSU, Ursulina, mãe do Engenho Velho. (†)

T

TIA MASSI, Maximiana Maria da Conceição, mãe do Engenho Velho.
TI'JOAQUIM, famoso pai no Recife e na Bahia. (†)

Z

ZÉ PEQUENO, José Crescêncio Brandão, pai de candomblé em São Caetano.
ZEZÉ, Maria José da Silva, mãe de candomblé no Nordeste (Amaralina).
   Tem candomblé em São João de Meriti, RJ.

VOCABULÁRIO DE TERMOS USADOS NOS CANDOMBLÉS DA BAHIA

A

ABARÁ, s. m. – Espécie de pequeno bolo preparado com feijão fradinho, temperado com camarão, pimenta, cebola, que se põe a cozinhar em água, envolto em folhas de bananeira.

ABEBÉ, s. m. – Leque da deusa Oxum, quando de latão, e da deusa Iemanjá, quando pintado de branco. O leque é de forma circular, tendo recortada no centro a figura de uma sereia.

ABERÉM, s. m. – Bolo de milho, envolvido em folhas secas de bananeira.

ABIÃ, s. f. – Menina ou moça, em estágio pré-noviciado.

ABRIR MESA, v. a. – Adivinhar, o ato pelo qual o eluô ou o pai-de-santo resolve os problemas apresentados à sua capacidade divinatória. O adivinhador se posta, geralmente, a uma mesa sobre que há uma vela acesa, talvez um copo d'água e o dinheiro trazido pelo consulente.

ACARÁ, s. m. – Pedaços de algodão embebidos em azeite de dendê, que, em chamas, se faz com que os indivíduos possuídos pelos orixás ingiram, para confirmar a sua presença.

ACARAJÉ, s. m. – Pequeno bolo feito com feijão fradinho ralado, frito em azeite de dendê.

ADARRUM, s. m. – Um toque especial, de atabaque, para provocar a chegada dos orixás. Há três modalidades diferentes desse toque: o nº 1, o nº 2 e o nº 3.

ADÊ, s. m. – Capacete de Oxum (candomblés de Angola).

ADJÁ, s. m. – Pequena campa, de cabo longo, que a mãe agita à altura da cabeça das filhas para provocar a chegada dos orixás.
AFRICANO, adj. – Nagô (candomblé).
AGÔ, s. m. – Licença.
AGOGÔ, s. m. – Instrumento musical, composto de duas campânulas de ferro, de tamanho desigual, sobre as quais se bate com uma vareta do mesmo material.
ÁGUA DE OXALÁ, s. f. – Cerimônia por meio da qual se muda toda a água dos potes e das *quartinhas* do candomblé, com a água que as filhas vão buscar, de madrugada, na fonte mais próxima, em longa procissão. Cerimônia de purificação dos candomblés.
ÁGUA DOS AXÉS, s. f. – Líquido que contém um pouco do sangue de todos os animais sacrificados, em todos os tempos, no candomblé.
AGÜÊ, s. m. – Cabaça coberta de renda de contas de Santa Maria, usada como instrumento musical.
AGUIDAVIS, s. m. – Cipós com que os nagôs tocam atabaque.
AIUCÁ, s. m. – O fundo do mar. Usado, principalmente, em expressões como Rainha ou Princesa do Aiucá, referentes à mãe-d'água. Alt.: *arocá*.
ALABÊ, s. m. – O chefe da orquestra dos candomblés, geralmente um ogã.
ALDEIA, s. f. – O próprio candomblé, quando se trata de candomblés de caboclo.
ALUJÁ, s. m. – Toque dos atabaques, especial para Xangô.
ANDERESSA, s. f. – Comida feita com caldo de galinha, farinha de guerra e sal.
ANJO-DA-GUARDA, s. m. – O espírito protetor (orixá) de cada pessoa.
APARELHO, s. m. – A pessoa de quem o orixá se serve como veículo. Expressão usada, principalmente, nas *sessões de caboclo*, em que predomina a influência espírita.
AQUIRIJEBÓ, s. m. – Indivíduo que freqüenta todos os candomblés da cidade ou está presente a todas as festas públicas desses candomblés.
ARAMPATERE, s. m. – Comida feita com fígado, bofe e carnes de gamela em geral.
ARIAXÉ, s. m. – Banhos rituais, de folhas, durante a iniciação.
ARROZ DE HAUÇÁ, s. m. – Arroz cozinhado à maneira dos negros hauçás: arroz *ligado*, de água e sal apenas.

ASSENTAR O SANTO, v. a. – Preparar o corpo da inicianda para servir de moradia ao orixá.
ASSENTO, s. m. – Altar dos orixás, dentro ou fora da casa do candomblé.
ATARÊ, s. m. – Pimenta da Costa (dos Escravos).
ATIM, s. m. – Conjunto de folhas e ervas especiais de cada orixá.
AXÉ, s. m. – Os alicerces mágicos da casa do candomblé, a sua razão de existir.
AXEXÊ, s. m. – Candomblé funerário (nagô).
AXOGUM, s. m. – Sacrificador de animais.
AXOXÔ, s. m. – Comida feita com feijão fradinho.
AZÉ, s. m. – Capuz de palha da Costa de Omolu, nos candomblés de Angola. Alt.: *filá*.
AZUELA!, int. – Ordem para bater palmas, usada nos candomblés de Angola para animar a festa.

B

BABÁ, s. m. – Pai-de-santo.
BABALAÔ, s. m. – Adivinho, sacerdote de Ifá.
BABALORIXÁ, s. m. – Pai-de-santo.
BAIXAR, v. a. – Possuir (o orixá) o corpo da iniciada.
BANHO DE FOLHAS, s. m. – Banho ritual, com infusão de certas plantas, durante a iniciação ou para a cura de moléstias.
BARCO DAS IAÔS, s. m. – O conjunto das iaôs (iniciandas) em cada ano.
BARQUIÇO, s. m. – O santuário dos candomblés de caboclo.
BARRACÃO, s. m. – O local em que se verificam as cerimônias públicas do candomblé.
BARRAVENTO (*barlavento*), s. m. – O atarantamento que, na filha, precede a chegada do orixá.
BATETÊ, s. m. – Inhame cru, com azeite e sal.
BATUCAJÊ, s. m. – O ruído produzido pelos atabaques em geral.
BEIJAR A PEDRA, v. a. – Prestar reverência diante dos assentos dos orixás.
BORI, s. m. – Cerimônia em que se sacrificam animais para o *dono* da cabeça da pessoa (*dar de-comer à cabeça*). Penitência.
BOTAR A MÃO NA CABEÇA, v. a. – Preparar a inicianda para receber o orixá.

BOTAR MESA, v. a. – Resolver, por adivinhação, os problemas pessoais do consulente.

BOZÓ, s. m. – Feitiço.

BÚZIOS, s. m. – Pequenos búzios da praia (*cawries*) usados para adivinhar o futuro.

C

CABAÇA, s. f. – Cabaça rendada de contas de Santa Maria, usada como instrumento musical. Alt.: *agüê*.

CABOCLO, s. m. e *adj.* – 1. O orixá que surge nos candomblés de caboclo. Alt.: *encantado*. 2. Palavra designativa dos candomblés em que predomina a influência ameríndia.

CAIR NO SANTO, v. a. – Ser possuído pelo orixá.

CALUNGA, s. m. – O mar.

CAMARINHA, s. f. – Quarto onde permanecem as iaôs durante o período de iniciação.

CAMBONDO, s. m. – Tocador de atabaque (candomblés de Angola).

CANDOMBLÉ, s. m. – O local em que se realizam as festas religiosas em geral; as cerimônias religiosas anuais obrigatórias do culto.

CANDOMBLÉ DE CABOCLO, s. m. – Candomblé em que predomina a influência ameríndia.

CANTAR SOTAQUE, v. a. – Cantar cantigas de segundas intenções, contra alguém que se encontra na assistência, durante as cerimônias religiosas.

CANTIGAS DE LICENÇA, s. f. – Cânticos com que o orixá (nos candomblés de Angola, do Congo e de caboclo) pede licença para dançar, logo que se manifesta na iniciada.

CANZUÁ, s. m. – Sinônimo de candomblé, na acepção de *casa* de candomblé; corrutela de Gantois.

CANZUÁ DE QUIMBE, s. m. – Casa dos mortos, cemitério (especialmente o da Quinta dos Lázaros, na Bahia).

CARREGO, s. m. – Herança de obrigação religiosa de outra pessoa; obrigação religiosa em geral.

CARURU, s. m. – Comida feita com quiabos, camarão e azeite de dendê.

CAVALO DO SANTO, s. m. – A pessoa possuída pelo orixá (o santo – de acordo com a crença geral – não pode estar a pé).

CAXIXI, s. m. – Saquinho de palha trançada, que contém sementes de bananeira do mato, usado pelos pais dos candomblés de Angola para acompanhar certos cânticos, especialmente o ingorôssi.

CLANDESTINO, s. e adj. – Pai ou mãe que, pelo fato de não haver sido *feito*, não tem direito a dirigir um candomblé; um candomblé que não segue, na opinião da pessoa que fala, as regras estabelecidas pela tradição.

COISA FEITA, s. f. – Feitiço.

COMPADRE, s. m. – Uma espécie de Exu que guarda a casa do candomblé.

COMPRA, s. f. – Cerimônia por meio da qual a mãe *vende* a iniciada, alguns dias antes de se tornar filha, a um dos homens do candomblé – em geral por quantias fantásticas; cerimônia simbólica de alforria. > *Comprador*, aquele que *compra* a iniciada.

CONFIRMAÇÃO, s. f. – Cerimônia por meio da qual os ogãs reafirmam – concorrendo com todas as despesas para uma festa pública, depois de determinado período de retiro no candomblé – o seu desejo de participar da casa, nessa qualidade de ogãs. (O Engenho Velho também *confirma* as suas equedes.) > *Confirmar*, v. a. e p.

COURO, s. m. – Atabaque (em geral).

D

DAGÃ, s. f. – A mais velha das duas filhas encarregadas do despacho de Exu.

DAR DE-COMER À CABEÇA, v. a. – Cerimônia de penitência, sacrificando-se animais para o *dono* da cabeça da pessoa. Alt.: *bori*.

DECÁ, s. m. – Transmissão de obrigações entre chefes de candomblé.

DESCER, v. a. – Manifestar-se (o orixá).

DESPACHAR, v. a. – Sacrificar aos orixás – especialmente a Exu para conseguir favores e graças.

DESPACHO, s. m. – Sacrifício de animais aos orixás. Em geral consiste numa gamela com farofa de azeite de dendê, um galo, uma caveira de bode, moedas de cobre ou de níquel, pedaços de pano vermelho, velas, uma boneca de pano... Muito comum nas encruzilhadas ou ao pé da gameleira branca (*pé de Loco*). O despacho é quase sempre preparado sem intenções ofensivas. Alt.: *ebó*.

DESPRENDER-SE, v. p. – Abandonar o corpo (a alma). Empregado nas *sessões de caboclo*.

DIA DE DAR O NOME, s. m. – O dia em que o orixá protetor da iniciada diz o nome por que deve ser conhecido – o dia de apresentação em público dos orixás das iaôs. Uma das últimas cerimônias do processo de iniciação. Sin.: *oruncó*.

DOBALE, s. m. – Saudação particular das pessoas que têm orixás femininos – apoiando-se nos quadris e no antebraço, uma vez do lado direito, outra vez do lado esquerdo. Obs.: A sílaba tônica da palavra é *ba*.

DOBURU, s. m. – Pipocas.

DO LADO DE..., loc. adj. – Da nação (tribo) de... Locução usada principalmente nos candomblés de caboclo, em que há vários *lados*, de Cabinda, de Cabula, etc.

E

EBÔ, s. m. – Milho branco (cozido).

EBÓ, s. m. – Sacrifício de animais para os orixás e especialmente para Exu. Alt.: *despacho*.

EBÔMIM, s. f. – Filha-de-santo com mais de sete anos de *feita*.

EFÓ, s. m. – Comida feita com folhas de taioba, azeite de dendê, camarão, etc. Obs.: Em nagô, *efó* significa legumes em geral.

EFUM, s. m. – Epilação ritual da iniencianda, e mais exatamente da cabeça.

EGUNS, s. m. – As almas dos mortos, os antepassados. Obs.: A palavra nagô era *èguingún*, esqueleto.

EIRU, s. m. – Rabo de boi, um dos atributos de Oxoce, deus da caça.

ELUÔ, s. m. – Adivinho, ledor do futuro.

EM TODAS AS ÁGUAS, loc. adv. – Expressão usada para significar as águas do Abaeté (Itapoã), de Amaralina, do Dique, da Lagoa de Vovó (Fazenda Grande do Retiro), das Cabeceiras da Ponte, do Monte-Serrate e do Rio Vermelho, onde os bons devotos de Iemanjá devem depositar *presentes* a fim de se poderem considerar quites com a mãe-d'água.

ENCANTADO, s. m. – O orixá, nos candomblés de caboclo.

ENGOMA, s. m. – O atabaque (em geral) nos candomblés de Angola e do Congo. Obs.: O termo quimbundo é *angoma*.

EQUEDE, s. f. – Zeladora dos orixás, quando estes *descem* nas filhas; acólita.

ERÊ, s. m. – Nome genérico de um espírito inferior, um companheiro da filha, que geralmente se representa pelos gêmeos, Cosme e Damião principalmente. Esse *erê* suaviza as obrigações da filha em relação ao seu orixá.

ESTEIRA DE IFÁ, s. f. – Pequena esteira de cerca de 10 centímetros de comprimento, usada pelos eluôs para adivinhar o futuro: a esteira, movimentando-se para um ou para outro lado, responde às perguntas do adivinho.

F

FAZER O SANTO, v. a. – Levar a cabo ou submeter-se ao processo de iniciação, destinado a preparar a pessoa para servir de moradia e instrumento dos orixás.

FEIJOADA DE OGUM, s. f. – Repasto comunal de Ogum, que encerra as festas anuais do candomblé do Ogunjá (Procópio).

FEITA, s. f. – Filha-de-santo, mulher que completou a sua iniciação.

FEITURA DO SANTO, s. f. – O processo de iniciação.

FERRAMENTA DE OGUM, s. f. – Os atributos de Ogum – um molho de instrumentos de lavoura, de ferro, em miniatura: enxada, pá, alvião, etc.

FILÁ, s. m. – Capuz de palha da Costa de Omolu (candomblés nagôs). Sin.: *azé*.

FILHA-DE-SANTO, s. f. – Sacerdotisa, iniciada.

G

GÃ, s. m. – Instrumento musical, semelhante ao agogô, mas com uma só campânula de ferro.

GANZUÁ, s. m. – Casa de candomblé; corrutela de Gantois.

GONZEMO, s. m. – O santuário dos candomblés de Angola.

GUELEDÊS, s. m. – Máscaras cerimoniais.

H

HOMEM DA RUA, s. m. – Exu, intermediário entre os homens e os orixás.

HOMEM DAS ENCRUZILHADAS, s. m. – Exu.

I

IÁ, s. f. – Mãe (nagô).

IABÁ, s. f. – Orixá feminino (qualquer).
IABASSÊ, s. f. – Cozinheira dos orixás.
IALAXÉ, s. f. – Zeladora dos axés.
IALORIXÁ, s. f. – Mãe-de-santo.
IAMORÔ, s. f. – Adjunta da mãe-de-santo.
IÁ NLÁ, s. f. – Grande Mãe, expressão empregada de referência a Nanã, considerada a mãe de todos os orixás.
IAÔ, s. f. – Inicianda. Obs.: O termo nagô é *yawô*.
IAQUEQUERÊ, s. f. – Mãe-pequena, substituta imediata da mãe.
IATEBEXÊ, s. f. – Solista, a mulher que faz o solo das cantigas nas festas públicas.
ICÁ, s. m. – Saudação das pessoas que têm santos masculinos – completamente de bruços no chão.
IGBIM, s. m. – Catassol, considerado *boi* de Oxalá.
IJEXÁ, adj. – Subdivisão da nação nagô, distinguível por pequenas particularidades de culto, em especial de música e dança.
ILÊ, s. f. – Casa (nagô).
ILU, s. m. – Atabaque (em geral).
INGORÔSSI, s. m. – Reza da nação Angola. O tata, agitando um caxixi, fica no meio das filhas que, sentadas em esteiras, batem com a mão espalmada sobre a boca, respondendo ao solo.
INQUICE, s. m. – Orixá (candomblés de Angola e do Congo).
ITÁ, s. f. – Pedra-fetiche dos orixás.

J

JARÁ OLUÁ, s. m. – O santuário do candomblé. < Do nagô *jará Ôluwá*, o quarto do Senhor.
JARÁ ORIXÁ, s. m. – O quarto dos santos.
JUREMA, s. f. – O pé da jurema, onde mora o caboclo Juremeiro; bebida alcoólica feita com o fruto da jurema.

K

KAROKÊ, s. m. – Pedido de licença para falar às iniciandas durante o período de reclusão no candomblé. Obs.: A primeira sílaba se pronuncia longa e demoradamente: kaaa...

L

LANÇATÉ DE VOVÔ, s. m. – A igreja do Bonfim, morada de Oxalá.
LÉ, s. m. – O menor dos atabaques.
LINHA DE CABOCLO, s. f. – O ritual dos candomblés de caboclo.

M

MADRINHA, s. f. – Mãe-de-santo (candomblés de caboclo).
MÃE-DE-SANTO, s. f. – Sacerdotisa-chefe, responsável espiritual e temporal pelo candomblé e pela educação religiosa das filhas, diretora das festas, suprema autoridade em todas as dificuldades materiais, religiosas e morais.
MÃE-PEQUENA, s. f. – Substituta imediata da mãe. Sin.: *iaquequerê*.
MAIONGA, s. m. – Banhos rituais, durante a feitura do santo, na fonte mais próxima, nos candomblés não nagôs. Alt. *maiongá*.
MALAFA, s. f. – Bebida alcoólica, servida numa cuia, nos candomblés de caboclo, a todos os assistentes. Alt.: *marafa*.
MALÊ, s. e adj. – Muçulmano. Nome que se dava aos negros islamizados (nagôs, hauçás, tapas, etc.) que nos começos do século XIX levaram a cabo uma série de insurreições na Bahia (1807-35).
MALEMBE, s. m. – Cântico de misericórdia.
MAMETO DE INQUICE, s. f. – Mãe-de-santo (Angola e Congo).
MANDINGA, s. f. – Feitiço, arte mágica. Termo nascido da fama de feiticeiros de que gozavam os negros mandês ou mandingas. > *Mandingueiro*.
MANIFESTAÇÃO, s. f. – A presença do orixá na iniciando.
MARRIM, adj. – Subdivisão dos jejes. < Maí.
MATANÇA, s. f. – Sacrifício de animais para os orixás.
MATANÇA DE OXUMARÊ, s. f. – Cerimônia geralmente realizada no Ano Bom, em que as filhas do candomblé vão à fonte mais próxima, de *quartinha* à cabeça, buscar água; cerimônia de purificação. Nesse dia, sacrificam-se animais para Oxumarê, o arco-íris, criado de Xangô.
MÉDIA, s. f. – Mulher em quem *descem* os orixás nos candomblés de influência espírita, especialmente nas *sessões de caboclo*. < *Médium*.
MENINOS, s. m. pl. – Os gêmeos Cosme e Damião (Ibêji).
MESA DO AIUCÁ, s. f. – A *mesa* da mãe-d'água – o fundo do mar.
MINA, s. e adj. – Nome que se dava aos negros procedentes do Castelo da Mina (txis, gás, mandês, etc.).

MUÇURUMIM, s. e adj. – Muçulmano (malê).

MUZENZA – Filha-de-santo (candomblés de Angola).

N

NAÇÃO, s. f. – Tribo (na África). Cada povo africano forma uma nação – a nação nagô, a nação Angola, etc.

O

OBÁ, s. m. – Rei (na África). Termo ocasionalmente empregado para distinguir um ou outro orixá.

OBÁS DE XANGÔ, s. m. – Os doze ministros de Xangô – seis que se sentavam à sua direita, Abiodum (príncipe descendente do rei Abiodum), Onikoí, Aressá, Onaxokum, Telá e Olugbam; seis que se sentavam à sua esquerda, Aré, Otum Onikoí, Otum Onaxokum, Ekô, Kabá Nfô e Ôssi Onikoí. Esses ministros eram antigos reis, príncipes ou governantes dos territórios conquistados por Xangô no país de Iorubá. Aninha entronizou os doze ministros de Xangô em 1937 e Martiniano do Bonfim explicou o sentido dessa cerimônia no artigo "Os Ministros de Xangô" (in O negro no Brasil, pp. 233-6).

OBI, s. m. – Fruto africano, imprescindível em certos sacrifícios religiosos; noz-de-cola.

OBRIGAÇÕES, s. f. pl. – As exigências da herança religiosa ou do ritual em geral.

OCÉ, s. m. – Oferta de alimentos, pelas filhas, aos seus orixás, nos dias da semana que lhes são consagrados.

OGÃ, s. m. – Protetor civil do candomblé, escolhido pelos orixás e confirmado por meio de festa pública, com a função de prestigiar e fornecer dinheiro para as festas sagradas.

OJÁ, s. m. – O pano branco que as filhas-de-santo usam a tiracolo, como um ornamento extra.

OLHADOR, s. – Ledor do futuro, indivíduo que olha.

OLHAR, v. a. – Adivinhar o futuro.

OLHAR COM O IFÁ, v. a. – Adivinhar o futuro valendo-se do rosário-de-ifá. Ifá é o deus nagô da adivinhação.

OLUBAJÉ, s. m. – Repasto comunal de Omolu-Obaluaiê.

OMALÁ, s. m. – Caruru especial de Xangô.
OMULUCU, s. m. – Comida preparada com feijão e ovos.
OPANIJÉ, s. m. – Música especial de Omolu-Obaluaiê.
OPELÉ-IFÁ, s. m. – Rosário-de-ifá, de que se serve o ledor do futuro. Obs.: Talvez corrutela de *ôpèlifá*, uma palmeira da qual se retiravam, na África, dezesseis nozes para fins de adivinhação.
ORIN ORIXÁ, s. m. – Cânticos para os orixás (nagô).
ORIXÁ, s. m. – Personificação e divinização das forças da natureza, que bem pode ser traduzida por *santo*, na acepção católica. > Orixá *nlá*, Grande Orixá, expressão usada de referência a Oxalá. Obs.: Provavelmente o nome de Oxalá deriva de uma contração dessas duas palavras nagôs.
OROBÔ, s. m. – Fruto africano, usado nos sacrifícios religiosos.
ORUNCÓ, s. m. – O dia em que os orixás das iniciadas dizem os nomes que devem ser conhecidos. Sin.: *dia de dar o nome*.
OTIM, s. m. – Cachaça (nagô).
OXÊS, s. m. – Esculturas representando pessoas possuídas por orixás.

P

PADÊ, s. m. – O despacho de Exu, no início das festas; cerimônia propiciatória.
PADRINHO, s. m. – Pai-de-santo (candomblés de caboclo).
PAI-DE-SANTO, s. m. – O chefe do candomblé.
PANÃ, s. m. – A festa da *quitanda* das iaôs.
PAÓ, s. m. – Palmas, sinal de que se servem as iniciandas para chamar a atenção de outras pessoas.
PAXORÔ, s. m. – Cajado de Oxalá.
PÉ DE LOCO, s. m. – A gameleira branca, morada do deus Loco.
PEDRA DO SANTO, s. f. – Pedra-fetiche. Sin.: *itá*.
PEJI, s. m. – O santuário dos candomblés (nagô). > Peji-gã, o dono do altar, teoricamente responsável pela sua conservação e pelo seu aspecto festivo nas cerimônias religiosas.
PIANO DE CUIA, s. m. – A cabaça, usada como instrumento musical. Sin.: *agüê*.
PRECEITO, s. m. – Obrigação ritual (em geral).

Q

QUELÊ, s. m. – *Gravata* do orixá, espécie de colar que as iniciandas trazem ao pescoço; sinal de sujeição.

QUETO, s. m. e adj. – Subdivisão dos nagôs, muito importante na Bahia, a quem se devem os candomblés mais respeitados e mais conhecidos, como o Engenho Velho, o Gantois, o Opô Afonjá (Aninha), o Alaqueto e o Ogunjá (Procópio).

QUIBEBE, s. m. – Comida feita com abóbora, leite de coco e sal.

QUITANDA DAS IAÔS, s. f. – Cerimônia em que se vendem (ou se furtam) alimentos ou frutas preparados ou adquiridos pelas iaôs, algumas semanas antes de completada a sua iniciação.

R

ROÇA, s. f. – Os domínios terrenos do candomblé, quase sempre situado em roça ou sítios.

RONCÓ, s. m. – Atabaque (candomblés de caboclo).

ROSÁRIO-DE-IFÁ, s. m. – O rosário de búzios de que se servem os ledores do futuro. Sin.: *opelê-ifá*.

RUM, s. m. – O atabaque maior.

RUMPI, s. m. – O atabaque médio.

RUNJEBE, s. m. – Contas pretas de Omolu, para pulseiras e colares.

S

SALA DE DANÇA, s. m. – Expressão pejorativa, usada para designar os candomblés que não seguem a tradição africana.

SETE RONCÓS, s. f. – Sete atabaques – freqüentador assíduo de candomblés. Sin.: *aquirijebó*.

SIRRUM, s. m. – Candomblé funerário (Angola).

SOTAQUE, s. m. – Canção de segundas intenções, dirigida a alguém que se encontra na assistência, como esta:

> Já fechei a porta,
> já mandei abrir.
> Quem tem santo de caboclo
> tá na hora de sair...

– que evidentemente visa alguém cujo *encantado* caboclo é conhecido de todos.

T

TARAMESSO, s. m. – A mesa a que se senta o *olhador*.
TATA, s. m. – Pai-de-santo (Angola e Congo).
TATA DE INQUICE, s. m. – Pai-de-santo (Angola e Congo).
TERREIRO, s. m. – Candomblé.

U

UADO, s. m. – Comida feita com pipocas em pó, azeite de dendê e açúcar. Obs.: Talvez *wadu*, em nagô.

V

VADIAR, v. a. – Dançar no candomblé. Obs.: Os *encantados* caboclos sempre pedem licença para *vadiar*.
VATAPÁ, s. m. – Comida feita com fubá ou farinha, leite de coco, azeite de dendê, camarão e pimenta.
VODUNÔ, s. – Chefe de candomblé (jeje).
VODÚNSI, s. f. – Filha-de-santo (candomblés jejes).
VUMBE, s. m. – Designação coletiva para as almas ou os antepassados.

X

XAORÔ, s. m. – Tornozeleira de guizos usada pelas iniciandas; sinal de sujeição.
XAXARÁ, s. m. – Feixe de palha da Costa enfeitado de búzios, atributo de Omolu.
XERÉM, s. m. – Chocalho de cobre de Xangô.

Y

YAWÔ, s. f. – Termo nagô, que significa noiva e esposa mais jovem, simplificado para *iaô* na Bahia, com o sentido de noviça, iniciadora.

Z

ZARATEMPO!, int. – Exclamação com que se reverencia o deus Tempo (candomblés de Angola).

NOTÍCIA BIOGRÁFICA DE EDISON CARNEIRO

Nascido na cidade de Salvador, Bahia, a 12 de agosto de 1912, Edison de Souza Carneiro fez todos os seus estudos na capital baiana, até diplomar-se em Ciências Jurídicas e Sociais pela Faculdade de Direito da Bahia em 1936 (turma de 1935).

Seus pais foram o engenheiro civil Antônio Joaquim de Souza Carneiro, catedrático da Escola Politécnica da Bahia, e Laura Coelho de Souza Carneiro. É o quarto dos oito filhos do casal.

Casou com Magdalena Botelho de Souza Carneiro, sua conterrânea, a 3 de fevereiro de 1940, na Bahia, e teve dois filhos, Philon, nascido em 1945, e Lídia, nascida em 1948.

Fixou residência no Rio de Janeiro desde novembro de 1940.

Começou a escrever e a publicar artigos e crônicas em 1928 e, por volta de 1930, participou do movimento de renovação cultural simbolizado na *Academia dos Rebeldes*, em que teve por companheiros os romancistas Jorge Amado, João Cordeiro e Clóvis Amorim, o contista Dias da Costa e os poetas Sosígenes Costa e Alves Ribeiro, entre outros.

A partir de 1933, interessou-se pelos cultos populares de origem africana e, em geral, pelo folclore e pela cultura popular, tendo iniciado então, em companhia do romancista Guilherme Dias Gomes, um curso de iorubá ou nagô. O conhecimento dos candomblés lhe deu a possibilidade de divulgar por escrito as suas festas, para o que foi contratado por *O Estado da Bahia* em 1936, e de tentar uma federação das várias casas de culto na União das Seitas Afro-Brasileiras da Bahia em 1937.

Da colaboração em *O Estado da Bahia* passou ao serviço efetivo como redator, e em 1937 trabalhou alguns meses em outro diário, *Bahia-Jornal*, de vida efêmera como órgão de campanha política. Em meados de 1939 foi para o Rio de Janeiro e trabalhou em *O Jornal* até que, comissionado pelo Museu Nacional, voltou à Bahia, a fim de recolher material dos cultos populares e encomendar a fatura de bonecas de pano, em tamanho natural, com as vestimentas e insígnias das várias divindades africanas, que ainda se podem ver na Quinta da Boa Vista.

De volta ao Rio de Janeiro, trabalhou como tradutor-redator de *The Associated Press*. Já na Bahia havia traduzido dois livros, de inglês para português, e dessa vez continuou a traduzir livros em inglês e em francês, ao mesmo tempo que continuava o seu trabalho regular naquela agência de notícias, de que chegou a ser redator-chefe (1941-1949). Em março de 1949 foi admitido no Departamento Econômico da Confederação Nacional da Indústria, onde alguns anos depois foi chefe da Seção de Divulgação, e em 1955 foi transferido para o Serviço Social da Indústria (Sesi), onde exerceu a função de chefe da Seção de Estudos e Planejamento, Serviço de Assistência Técnica, da Divisão Técnica do Departamento Nacional, como assistente técnico. Trabalhou, ao mesmo tempo, como redator do jornal *Última Hora* e, em 1953, foi contratado pela Capes (Coordenação do Aperfeiçoamento de Pessoal de Nível Superior, Ministério da Educação e Cultura) como redator do seu boletim mensal, tarefa que desempenhou sem interrupção entre 1956 e 1966. Trabalhou no *Jornal do Brasil* (1956-1958). Fez parte, como técnico em ciências humanas, de uma comissão extraordinária do extinto Instituto de Imigração e Colonização incumbida de estudar a localização de novas colônias agrícolas no vale do Amazonas (1955). A partir de 1959 foi contratado como professor de Bibliografia de Folclore nos cursos de Biblioteconomia da Biblioteca Nacional. Tendo participado do grupo de trabalho que estruturou a campanha de Defesa do Folclore Brasileiro, do Ministério da Educação e Cultura, foi Membro do seu Conselho Técnico entre 1958 e 1961, quando foi nomeado diretor-executivo da mesma campanha, cargo que exerceu até 1964. Em 1961 foi enquadrado como redator e em 1968 como professor da Biblioteca Nacional. Ensinou folclore (Cultura Popular) no Instituto Villa-Lobos.

Candidato à cátedra de Antropologia e Etnografia da Faculdade de Filosofia da Universidade Federal do Rio de Janeiro (inscrito em 1950), deu cursos, como professor-visitante, nas Faculdades de Filosofia de Minas Gerais, Bahia, Pernambuco e Paraná, fez conferências e deu cursos em outras escolas e instituições, entre as quais uma série de palestras no curso de verão da Universidade de Wisconsin em Porto Alegre.

Participou dos Congressos de Escritores e dos Congressos de Folclore realizados no Brasil, e entre esses o Congresso Internacional de Folclore e simpósios.

Fez parte da comissão do Ministério das Relações Exteriores que estudou a colaboração brasileira ao I Festival de Artes Negras de Dacar (1966) e foi nomeado delegado do Brasil para aquele Festival. Em Dacar, foi chefe da delegação brasileira no simpósio de Artes Negras. Ao mesmo tempo foi também convidado pela Unesco ao Colóquio África-América Latina, em Cotonou (Daomé), na verdade reunido em Porto Novo. Nessa ocasião visitou, além do Senegal e do Daomé, o Togo, a Costa do Marfim e a Nigéria.

Foi condecorado pelo governo da ex-Guanabara com a Medalha Sílvio Romero, membro das Sociedades de Folclore do México, do Peru e de Tucumán (Argentina), membro honorário da Associação Brasileira de Folclore, membro do Conselho Diretor da Comissão Nacional de Folclore do IBECC (órgão nacional da Unesco) e membro do Conselho Nacional do Folclore. Foi grande benemérito da Escola de Samba Portela, sócio honorário das Escolas de Samba

Acadêmicos do Salgueiro e Mangueira, presidente de honra da Escola de Samba Cartolinhas de Caxias (extinta), do Afoxé Filhos de Gandhi e do Clube Carnavalesco (frevo) Pás Douradas. Recebeu a Medalha Euclydes da Cunha de São José do Rio Preto, São Paulo. Foi membro do Conselho de Música Popular do Museu da Imagem e do Som no Rio de Janeiro.

Os interesses de Edison Carneiro se dividiram, principalmente, pelos campos da etnologia e do folclore, e em segundo lugar pelo campo da história. Escreveu alguns ensaios literários, ligados entretanto a esses campos de estudo, como os que dedicou a Castro Alves, poeta e combatente da Abolição da Escravatura.

Além de inúmeros artigos e ensaios, publicados, em épocas diversas, em quase todas as revistas e diários de conseqüência do país, escreveu os verbetes "Folclore", "Negro brasileiro" e "Populações africanas" da edição brasileira da Enciclopédia Barsa, colaborou com muitos verbetes sobre o negro brasileiro para a Enciclopédia Delta-Larousse e com um ensaio sobre as *religiões* do negro brasileiro no plaquete do Ministério das Relações Exteriores para o Festival de Artes Negras de Dacar (traduções em francês e inglês).

Um dos seus artigos, sobre a evolução dos estudos de folclore no Brasil, foi publicado na URSS na coletânea *Brasil, Economia, Política, Cultura* divulgada pela Academia das Ciências em 1963.

Dois outros ensaios foram publicados nos Estados Unidos – um em torno da contribuição de Arthur Ramos à etnologia brasileira (*Phylon*, Atlanta University, primeiro trimestre, 1951); outro sobre a estrutura dos cultos de origem africana (*The Journal of American Folklore*, vol. 53, n? 210, outubro-dezembro de 1940).

Para o número especial dedicado ao Brasil da revista *Histonium*, de Buenos Aires (n? 224, janeiro de 1958), escreveu um artigo sobre o negro brasileiro.

Há trabalhos seus publicados no volume de ensaios comemorativo dos 150 anos do *Jornal do Comércio*, antecedendo a nova edição de *A escravidão no Brasil* de Perdigão Malheiro, etc. Reviu e anotou a tradução brasileira de *A cidade das mulheres*, de Ruth Landes, e fez o mesmo com as *Cartas de Vilhena*, a que se deu o novo título *A Bahia do século XVIII*.

Em 1963 a Campanha de Defesa do Folclore Brasileiro publicou, em tradução francesa, inglesa e alemã, o seu artigo sobre os estudos de folclore no país (*Folklore in Brazil*).

Redigiu a *Carta do Samba* (1962) e foi um dos redatores-coordenadores da Carta do Folclore Brasileiro (1951).

Em 1969, a Academia Brasileira de Letras o agraciou com o Prêmio Machado de Assis.

Faleceu no Rio de Janeiro, a 2 de dezembro de 1972, deixando vários trabalhos inéditos.

Bibliografia

Antologia do negro brasileiro, Porto Alegre, Globo, 1950.
Dinâmica do folclore, Rio de Janeiro, Editora do Autor, 1950; 3.ª ed. São Paulo, WMF Martins Fontes, 2008.
Ladinos e crioulos, estudos sobre o negro no Brasil, Rio de Janeiro, Civilização Brasileira, 1964.
A linguagem popular da Bahia, Salvador, Editora da Secretaria da Educação, 1951.
Negros bantus, Rio de Janeiro, Civilização Brasileira, 1937.
O Quilombo dos Palmares, São Paulo, Brasiliense, 1947; 2.ª ed. São Paulo, Cia. Editora Nacional, 1958; 3.ª ed. Civilização Brasileira, 1966.
Religiões negras, Rio de Janeiro, Civilização Brasileira, 1966.
A sabedoria popular, Rio de Janeiro, Instituto Nacional do Livro, 1936; 3.ª ed. São Paulo, WMF Martins Fontes, 2008.
Samba de umbigada, Rio de Janeiro, Campanha de Defesa do Folclore, MEC, 1961.
Castro Alves (Ensaio – Compreensão), Rio de Janeiro, José Olympio, 1937.
Trajetória de Castro Alves, Rio de Janeiro, Vitória, 1947.
Castro Alves, Rio de Janeiro, Andes, 1947.

Insurreição praieira, Rio de Janeiro, Conquista, 1960.
Guerra de los Palmares, México, Fondo de Cultura, 1946.
A cidade do Salvador, org. Simões, Rio de Janeiro, 1954.
A conquista da Amazônia, Min. Viação e Obras Públicas, Rio de Janeiro, 1956.
Folclore no Brasil (publicação em inglês, francês e alemão), Rio de Janeiro, Campanha de Defesa do Folclore, 1963.
Folguedos tradicionais (obra póstuma), Rio de Janeiro, Conquista, 1974.

NOTAS

Fisionomia geral da casa de candomblé
O termo "candomblé" é originário do termo *kandombile*, banto, que significa lugar de culto e oração.

Em seu modelo baiano, o candomblé é verdadeira síntese espacial e simbólica de cidades-Estado, reinos, lugares sagrados, especialmente dos iorubás, nos dois principais territórios da África Ocidental: Benim e Nigéria. Isso se traduz nos *pejis*, santuários especialmente construídos para abrigar e reunir objetos sagrados dos orixás e outros deuses como os inquices e os voduns, bem como os de criação brasileira, nativa, os *caboclos*.

Destaque ao barracão, salão amplo e público para as festas e rituais de iniciação, fúnebres, entre outros. É como se determinasse um território geral, um chão africano no Brasil. Há sinais externos como árvores sagradas, com destaque para a gameleira que é Iroco, a jaqueira que é Ogum, a cajazeira que é Omolu, entre tantas outras representações fitomorfas que reforçam a consciência ecológica em preservar e sacralizar a natureza. Essa consciência ecológica amplia-se também à cidade, no caso de Salvador em lugares assinalados como de representação sagrada, como acontece com o dique de Tororó, a Lagoa do Abaeté, as cachoeiras no Parque São Bartolomeu, entre outros.

Sem natureza não há candomblé, visto a importância das águas, das folhas, das matas, na busca de um perfeito equilíbrio ecológico que verdadeiramente é a unidade e a essência dos orixás, dos inquices, dos voduns.

Mantendo seu olhar social sobre as manifestações populares e tradicionais, Edison Carneiro inclui aspectos das casas, habitações dos membros dos candomblés, dos filhos do terreiro. Destaca o funcionamento cotidiano e suas inter-relações com os espaços sagrados. Como *ogã* do terreiro da Casa Branca ou Engenho Velho, casa matriz do Queto na Bahia, ele faz um estudo especial da habitação principal desse candomblé, visto sua experiência social nessa comunidade.

A tradição aponta para o bairro da Barroquinha, em área central da cidade do Salvador, local de fundação desse terreiro que trouxe os costumes de Edé, fundador de Queto, no Benim. *Casa Branca, Engenho Velho* são maneiras de chamar o *Iá Nassô Oió Acalá Magbô Olodumaré*, há muito tempo localizado no Engenho Velho da Federação, na avenida Vasco da Gama, em Salvador; primeiro candomblé tombado pelo IPHAN como *patrimônio nacional*.

O *candomblé* finalmente ganha com o *tombamento*, representação da força e da importância das matrizes africanas no Brasil. Assume valor de patrimônio, de bem cultural nacional a ser preservado, como precioso testemunho que representa grande parcela da nossa população que é afrodescendente.

Seguem-se outros tombamentos em terreiros de candomblé na cidade do Salvador: *Ilê Axé Opô Afonjá, Gantois, Alaqueto* e *Bate-Folha*; destacando-se ainda no ano de 1983 o primeiro tombamento de comunidade terreiro em nível estadual, ocorrido no Recife, Pernambuco, com o terreiro *Obá Ogunté Seita Africana Obaomim* ou popularmente *O Sítio* ou *Sítio de Pai Adão*, projeto que iniciei e acompanhei, sendo também esse tombamento um marco na ampliação do olhar patrimonial.

Como se desenrola uma festa de candomblé

Ao descrever as seqüências que fazem as festas nos terreiros de candomblé, Edison Carneiro toca em questões que estão no amplo imaginário social, como o sacrifício de animais.

A chamada *matança*, sacrifício de diferentes animais conforme as liturgias e as festas nos candomblés, segue um processo ritual coerente com a nação e com o próprio terreiro. Em todas as religiões tradicionais há o ato fundamental do sacrifício, havendo aí uma aceitação, verdadeiro acordo com o que é oficial e dominante, ou seja: nas religiões estabelecidas como a cristã, católica, judaica, islã, hindu, entre outras, o tema dos sacrifícios tem um argumento que é considerado pertinente e coerente aos particulares processos de fé, de crença para o desenvolvimento de variadas liturgias.

No candomblé, o sentido do sacrifício ocorre de forma simbólica e como em qualquer outra manifestação religiosa que prevê o oferecimento da carne e do sangue *in natura* nos santuários. Há ainda a forma abstrata: pão e vinho, carne e sangue, no oferecimento que busca o contato com o divino, como acontece com o orixá, por exemplo, tão sagrado como qualquer outro mito.

Os animais cerimonialmente sacrificados no candomblé são consumidos pelos membros do terreiro e convidados por ocasião das festas, destinando-se algumas partes que ficam em oferecimento nos *pejis*, santuários.

Assim, constata-se que nos candomblés come-se muito, seguindo-se a qualidade das receitas, dos temperos e maneiras de servir e de consumir os alimentos.

Há cargos hierarquizados para os que lidam com as comidas.

O *Axogum*, função masculina no candomblé de matriz iorubá, é responsável pelo sacrifício dos animais que seguem para as cozinhas para serem então preparados conforme o tipo de festa, para qual orixá se oferece, entre demais procedimentos necessários realizados pelas mulheres sob o comando da *Iabassê*, responsável pelas inúmeras receitas dos cardápios dos orixás e dos cardápios dos homens, tradicionalmente chamadas de *comida de branco*.

Marcando esse território que é o da cozinha sagrada está o dendê, também chamado *epô*, importante elo gastronômico entre a África e o Brasil.

Para o candomblé, comer é um ato sagrado.

As iabás

Entre as chamadas *festas de largo* da Bahia, diga-se na cidade do Salvador, vive-se um verdadeiro prolongamento de aspectos sociais e religiosos do candomblé, por meio das muitas devoções aos santos católicos relacionados com os orixás.

Sabe-se que orixá é orixá e que santo católico é santo católico; contudo, no amplo e diverso processo histórico das especiais aproximações entre candomblé e Igreja, vêem-se fortes associações e correlações de alguns santos com alguns orixás. Além de rituais partilhados, as festas que nascem nas igrejas e seguem nos adros, largos e ruas têm forte apelo popular pela longa tradição de unir e louvar, ao mesmo tempo, Iansã e Santa Bárbara, Oxum e Nossa Senhora da Conceição, entre tantos outros. Caso especial ocorre no terreiro do Gantois com a festa chamada *Pratos de Nanã*, louvando orixá assumidamente relacionado com Nossa Senhora Santana. A celebração se dá no terreiro no dia 26 de julho, dia da santa.

O mesmo se dá com grande festa no mar, no dia 2 de fevereiro, dia de Nossa Senhora das Candeias, quando o orixá Iemanjá é presenteado por centenas de saveiros e outros barcos que vão depositar balaios com flores, fitas, comidas, entre outros agrados da rainha do mar, assim anualmente lembrada e incluída nos terreiros e nas ruas, nas praias, no mar da Bahia. Também Oxum, orixá da água doce, é lembrado no dia 2 de fevereiro.

Convivem, dialogam e fazem os imaginários comuns nos terreiros e nas ruas as chamadas *santas*, maneira afetiva e próxima de chamar as *iabás*, orixás das águas, dos ventos e outros elementos da natureza que se incluem no rico imaginário do candomblé.

Os voduns jejes

Retirei do meu diário de campo algumas anotações que passo ao leitor, sobre uma visita realizada à comunidade chamada Roça do Ventura, candomblé jeje seguidor do modelo mahi (Benim), no município de Cachoeira. É um candomblé exemplar, pelo que reúne de organização, de ocupação espacial, mostrando árvores centenárias e sagradas, e de um culto rigoroso aos voduns.

O terreiro é consagrado a Bessém e a Ajonsu. Cheguei acompanhado por um ogã, que não se cansava de explicar as festas, entre elas o grande *boitá*, cerimônia pública e ao ar livre, quando os voduns desfilam e visitam os lugares sagrados do terreiro.

No caminho, a pé, do centro histórico de Cachoeira à roça, foi quase hora e meia de subidas e atalhos no meio da mata. Ao aproximar-se o vale onde está o candomblé, o ogã foi até um arbusto e retirou quantidades de uma folha que chamou de *folha de ogum*. Esse *atim* (cheiro, perfume de folhas) foi distribuído para ser colocado sobre o assentamento de *Ogum Xaroquê*, localizado na entrada do caminho que finalmente levava às construções do barracão, pejis e assentamentos próximos e esplêndidas árvores.

O ogã falou com Ogum Xaroquê: "Dá licença para eu entrar e os meus amigos. Há quanto tempo eu não venho aqui!"

Cheguei ao barracão, amplo e caiado de branco como os outros que conheço, e uma placa esmaltada continha o seguinte letreiro: "Fazenda Ventura".

A ausência de vizinhos próximos fazia com que aquela imensidão de mata evocasse as histórias dos voduns ali venerados há séculos.

Comecei observando uma jaqueira, que uns três homens de braços abertos talvez fossem necessários para circundar. Nessa árvore mora *Gu*, vodum da guerra e das estradas. Uma cajazeira igualmente grande é o vodum *Averequete*, segundo o ogã um tipo de Iemanjá.

Um cacto é *Aizã* (vodum dos mercados). A morada de *Loco* (vodum do tempo) é uma combinação de pitangueira e cacto. Outra cajazeira é o assento de *Sogbô* – um tipo de Xangô, disse o ogã.

Bessém, o vodum que domina a nação Jeje, está representado por um monte de terra recoberto por pedaços de louças.

Uma construção de taipa e palha de coqueiro é o peji de *Entoto* (vodum da terra). Um pouco mais afastados, estão alguns quartos, que recebem os visitantes e filhos do terreiro no período das festas, além de uma cozinha dedicada à culinária sagrada dos voduns.

Em um pequeno rio estão os assentamentos de *Aziri* e Nanã, voduns das águas. No meio da mata, os de *Avissaje* e *Possu*, voduns da terra.

O despojamento das construções e a natureza generosa garantiram uma emoção muito forte em presenciar um pouco de um terreiro tão tradicional, dono de uma cultura invejável.

Os animais soltos na roça, como galos, galinhas e cabritos, contribuíam para uma melhor relação dos homens com as coisas da natureza.

Voltei para Cachoeira e fiquei de retornar em dezembro, mês das festas públicas, quando, ao som do *bravum*, os voduns vêm mostrar seus dons de serpentes.

Ainda em Cachoeira, muitos outros templos seriam dignos de estudo e objeto de preservação, guardando-se, assim, aspectos relevantes da vida e da obra do africano nessa região.

Os *encantados* caboclos

A nação de caboclo tem, sem dúvida, um vínculo com a nação Angola-Congo, talvez pela identidade do modelo emergente, o caboclo, interpretado como ancestral próximo, o dono da terra onde o africano passou a retomar seus referenciais de civilização. Os *inquices*, divindades básicas dos candomblés Angola-Congo, além de interpretarem os fenômenos da natureza, têm na memória coletiva dos bantos a preocupação fundamental com a ancestralidade, com os deuses familiares, os próprios de cada comunidade e os fundadores de clãs e etnias, agindo como verdadeiros guardiões e provedores da vida, bem como articuladores da morte. Assim, o caboclo é fortalecido e interpretado como um ancestral atuante e, como nacional brasileiro, novo, incluído na memória cívica afro-brasileira como herói das guerras da Independência na Bahia, um defensor da terra brasileira. Por isso, em 2 de julho, dia da Independência da Bahia, sua figura é relembrada em desfiles pelas ruas do Salvador e nos muitos terreiros de candomblé de caboclo.

O caboclo encarna a heróica figura da luta pela terra que lhe pertence; por outro lado, visto como mestiço – acaboclado –, compartilha de binacionalidade moral: é da terra e também é de outra terra, a África. Essa interpretação de africanos no Brasil sobre o grande ancestral brasileiro expande-se num culto visualmente calcado numa estética tropical: vida na selva, vida na tribo, roupa de pena, caça e frutos, arco e flecha, tudo emoldurado pelo som do trio de atabaques e dos *ingorôssis* (cantigas dos terreiros Angola), uma ética africana permeando os rituais. Essa nova nação exerce cada vez mais influência sobre outras, como a Queto e mesmo a Jeje.

Pais e mães

O candomblé é um espaço social e religioso profundamente hierarquizado, mantendo rígidos princípios unidos ao poder sagrado, que é uma ação inquestionável do orixá. Assim, todos os papéis de homens e mulheres são determinados, preservando-se laços de parentesco consangüíneo e laços de parentesco em famílias de base religiosa, chamadas *família de santo*.

Um forte e elaborado parentesco ditado pela hierarquia e pela iniciação forma uma verdadeira família, sujeita a deveres voltados ao poder do dirigente ou aos deuses tutelares. Os membros de um terreiro assumem um tipo de relacionamento que reproduz os princípios de uma família ordenada por laços consangüíneos. O chamado parentesco ético, moral e religioso do candomblé assume um papel de coesão e manutenção do poder estabelecido, encadeando um sistema interterreiros da mesma nação, buscando vincular cada família a um compromisso de guarda e aproximação com os *candomblés genealógicos*.

As chamadas *casas matrizes*, das quais centenas de candomblés originaram-se, são veneradas como as mais próximas ao ideal étnico manifestado pela religião em si.

Cada terreiro de candomblé é uma família, onde a dirigente é titulada de mãe e o dirigente de pai, ampliando-se esses apelos hierárquico-afetivos para os ogãs, também pais, e equedes, também mães. Por sua vez, os dirigentes do terreiro que legou os fundamentos (o axé) à criação de uma nova família serão chamados avó ou avô-de-santo, o mesmo ocorrendo com os filhos-de-santo desses, num relacionamento que prevê ainda as tias e tios-de-santo. Essas designações parecem estranhas em princípio, dada a quantidade de mães e pais que um filho-de-santo incorporará a sua família não consangüínea.

Como exemplo de uma casa matriz que, por divisão política, resultou no aparecimento de outras casas de candomblé, das mais tradicionais na cidade do Salvador, temos o terreiro da Casa Branca, também chamado de Engenho Velho, conhecido pelo povo do candomblé como *Iá Nassô Oió Acalá Magbô Olodumaré*. As filhas-de-santo Marcelina da Silva, Maria Júlia da Conceição Nazaré e Aninha fundaram, respectivamente, os terreiros do *Axé Yá Omin Iamassê* (o *Gantois*) e o *Axé Opô Afonjá* (o *Afonjá*), criando então uma linha sucessória em que a mulher mostra-se insubstituível, reproduzindo o sistema original matrilinear. A grande casa matriz do Engenho Velho, seguidora do modelo queto, é doadora do axé para a fundação desses dois outros terreiros, seguidores e perpetuadores do mesmo modelo étnico. Ainda ostentam, esses dois terreiros filiados, nomes civis: Sociedade Beneficente São Jorge do Gantois e Centro Cruz Santa do Axé Opô Afonjá.

As gerações vindas dos terreiros matrizes têm permanentes vínculos com a complexa relação da família-de-santo, que em muitos casos une-se à família consangüínea. Até recentemente na direção do Gantois, Escolástica Maria da Conceição Nazaré – a conhecida Menininha do Gantois – era bisneta-de-santo de Marcelina da Silva, neta-de-santo de Maria Júlia da Conceição Nazaré, filha-de-santo de Pulquéria e sobrinha-neta também de Pulquéria.

A família-de-santo atua em consonância com as normas impostas pela família consangüínea, seguidora de um elaborado sistema ético ocidental-cristão. Assim, todos os tabus sexuais, como o do incesto, os pedidos de bênção aos pais, tios e avós e a repetição dos papéis de uma família comum são acrescidos das tutelas dos deuses africanos e de seu patrono do terreiro, dono do axé coletivo.

Relacionar o poder temporal e religioso da mãe ou do pai-de-santo aos princípios da família civil é uma tentativa permanente, nem sempre levada a termo pelo diálogo: a imposição do poder pela força, com a desobediência sendo punida, chega até mesmo aos castigos corporais e às abstinências sexuais e alimentares.

Ao mesmo tempo, as histórias que contam as relações familiares entre os deuses africanos influem nos papéis dos que estão nas condições de mãe, pai ou filho, nos terreiros.

A concorrência dos chefes de candomblé

São muitas as formas de dialogar entre o candomblé e a sociedade, assumindo cada vez mais lugares sociais de patrimônio, memória, de matrizes que legitimam identidades de pessoas, famílias, comunidades. Convive-se com diferentes preconceitos e também se estabelecem alianças que geralmente se dão nos vaticínios, nas consultas dos búzios. É o chamado *edilogum*, maneira inicialmente de a mulher consultar os orixás. Segundo os iorubás, os homens têm como consultar o opelé-ifá, chegar a Orumilá, cargo exclusivo do *babalaô*, *o pai do segredo*, e que a Bahia preservou até o início do século XX.

Contudo, diferentes movimentos sociais vão dando ao candomblé seu papel de importante mediador da afrodescendência na Bahia, no Brasil.

Onde se manifestarão as expressões individuais dos candomblés no cumprimento do ritual diverso de cada nação? Quais os materiais e espaços físicos necessários ao estabelecimento dos preceitos religiosos? Qual a vinculação do templo, terreiro, casa ou simplesmente candomblé com a comunidade próxima? Essas questões fundamentais estão permanentemente presentes na instituição candomblé, além de outras: como ele fala com a sociedade complexa, como está integrado e como é interpretado enquanto retentor de uma fluente e explícita polarização africana, vista geralmente como um modelo genérico, sem as peculiaridades étnicas ou pluriétnicas?

O candomblé é, antes de tudo, um espaço físico que, abastecido do espaço ideológico e das vertentes da tradicionalidade ou da emergência, está mais próximo das camadas historicamente mais resistentes e conscientes. Pelos multimeios de que dispõe, está ainda ligado a um ideal estético africano, presente como espetáculo ou como importação sistemática, seja de elementos materiais seja de informações socioculturais que buscam, nostalgicamente, reatar laços centenários com o continente africano.

O templo de candomblé é tão digno de respeito como qualquer outro. O espaço físico do culto, onde se dá o desenvolvimento da elaborada religião, independentemente da nação em que os adeptos se encontram seguidores, tem estrutura comum – salvo peculiaridades de cada nação, ora ocupando espaços ao ar livre, reunindo árvores sagradas, fontes e outros marcos na natureza, ora na construção de santuários individuais, salões públicos para as festas ou locais previamente preparados para os períodos das iniciações religiosas.